共 和 国 领 袖 故 事

陈云

中国国家博物馆 编著

上海教育出版社
SHANGHAI EDUCATIONAL
PUBLISHING HOUSE

目 录

共和国领袖故事

陈云

2

贫苦家庭

　　1905年6月13日,陈云出生在江苏省青浦县练塘镇(今上海市青浦区练塘镇)的一个不幸的贫苦家庭。陈云的父亲陈梅堂,是个本分的农民,勤劳善良,因家中一无田地,二无房产,只得依靠租种富人家的田地和帮别人宰猪,农闲时捕鱼捉蟹来维持全家人的生计。母亲廖顺妹,是中国传统的家庭妇女,育有陈星、陈云姐弟二人,她一边相夫教子,一边替别人缝衣及帮佣来补贴家用。

　　陈云的外祖父是广东人,早年曾参加过太平军农民起义,后来落户练塘镇。外祖母是练塘人,生有两男一女,廖顺妹排行第二。她性格开朗,为人忠厚,办事干练。陈云外祖父去世后,家里家外大小不一的事情均由她做主。廖家生活也十分困难,主要靠陈云外祖母和母亲的针线活度日。

　　陈云两岁时,不幸的事情发生了,他的父亲终因积劳成疾,无钱医治而离开了人世。这样,家中一个要紧的男人没有了,从而使本来就异常艰难的生活顿时变得更加艰难了。可是,即使是如此贫苦的日子,陈云也没过上多久。两年后,他的母亲也因贫病交加,撒手人寰。从此,幼小的陈云成了可怜的孤儿。人们常说,世上只有妈妈好,没妈的孩子像根草。对一个人来说,母爱始终是人世间最宝贵的东西,我们成长的每一步,都离不开母亲的关怀,而陈云年仅4岁就失去了母爱,他是多么不幸呵!

陈云丧父失母后,便由外祖父、外祖母、舅舅和舅母照看和抚养。陈云6岁那年,外祖母也病故了,临终前她做主把陈云立为廖家子嗣,改姓廖,名字仍为陈云,这样一来,陈云的舅舅和舅母便成了陈云的养父和养母。对此,陈云20多年后曾在一封信中对人说:"我是江苏人,出生于贫苦的家庭,5岁时父母均去世,依舅父而生。"他还在另外一个场合说过:我出生在上海,从小失去父母,是舅父把我养大的。

陈云的舅舅廖文光,性格温和,心地善良,喜欢文艺。最初,他做裁缝,后来改为开小饭馆,惨淡经营,勉强度日。陈云的舅母身体不好,手脚均患有风湿病,但她很能吃苦,既操持家务,又含辛茹苦地照料有先天残疾的儿子廖霓云,十分不易。虽然陈云并不是

■ 陈云的故乡——上海市青浦区练塘镇

他们的亲生儿子，但是廖文光夫妇很喜欢他，视为己出，百般疼爱。比如，在当时的江浙一带，江南丝竹和评弹，是广为流传的两种民间艺术，很受人们的喜爱。丝竹，是指琵琶、二胡、三弦、扬琴、曲笛、箫、笙等丝弦竹管乐器，其音色清丽柔美，音响细腻典雅；评弹发源于苏州，至今已有数百年的历史，是一种说唱艺术。陈云舅舅家附近就有一个专门表演评弹的场所，名为"畅园书场"。

　　由于舅舅爱好文艺，因此舅舅和舅母常去听评弹，这时他们总是带陈云同去，使陈云幼小的心灵受到了真善美的教育。像包公铁面无私，武松打虎，张飞威风凛凛等，都给陈云留下了深刻的印象。从此，陈云深深地爱上了评弹这门古老的民间艺术，并将这种爱好一直保持到晚年，以至于被人们亲切地称为"评弹的老听客"。1959 年，陈云饶有兴趣地回忆说，小时候我常跟娘舅去听书，当时的书场大都设在茶馆里，听书的要付 3 个铜板买一根竹筹，才好在场子里坐着听。书好听就天天去听，有时大人不去，就自己去了。没有那么多的钱买竹筹，只好站在书台对面墙角边上，老远地听先生说书。显而易见，这段话不仅道出了廖家的贫寒，也说明了陈云和娘舅的深厚感情。

■ 20 世纪 50 年代初拍摄的陈云故居

陈云

一个人的家庭环境对其一生的成长和发展意义重大,因此常言说:"自古英雄多磨难,从来纨绔少伟男。"贫寒的家境,过早失去双亲的凄苦,使陈云从小就非常懂事。他性格内向、沉静,经常一个人静静地站在一旁看小伙伴们玩耍、嬉戏。稍大一些,他就主动帮舅母做家务,舅舅小饭馆里的劈柴、洗菜一类的杂活,都由他干,从不偷懒。因为他知道,自己多干些活,早一点干活,就能为大人减轻生活的重担和压力。相反,游手好闲,坐享其成,甚至饭来张口,衣来伸手,在陈云心目中从来都是可耻的。陈云自小便有的这种一心为他人着想的责任心,是他日后成为一代伟人的不可或缺的重要条件,永远值得我们每一个人学习和弘扬!

品 学 兼 优

一个人出生后,到了适当的年龄就要上学读书,这在现在的人们看来,是最普通不过的事情了。然而,假如时光可以倒流,返回到60多年以前的旧中国,情形就完全不同了。那时,并非人人有书念,上学读书只是有钱人家子弟的特权,穷苦人家的孩子是上不起学的,而且,反动的统治者为了维护自己的利益,采取愚民政策,极力阻止穷人接受教育。即便穷苦人家节衣缩食,勉强把自己的孩子送入学堂,也时常因经济捉襟见肘而中途辍学,处境相当悲惨。

过去,人们把孩童初入学堂称为"启蒙"或"发蒙",意思是开启智慧之门,脱离混沌无知的蒙昧状态。陈云8岁那年,舅舅送他到练塘镇一家私塾接受启蒙教育。这家私塾里总共不到10个学生,传授的是《三字经》、《百家姓》之类的儒家知识,即所谓"经书"。每天还要学写毛笔字。陈云很听老师的话,他认真读书,用心写字,毛笔字写得非常工整,私塾老师甚为赞赏。

陈云9岁时,又被舅舅送到练塘镇贻善初等小学读书。这是一所不同于私塾的新式学堂,开设有语文、数学、手工、体育等课程。陈云对这些课程都十分爱好,他每天很早就起床学习功课,发奋苦读,所以,学习成绩总是名列前茅。正因如此,学校老师对他十分器重,同学们也很愿意和他来往。但是,陈云是一个很谦虚的孩子,他从不因学习成绩优秀而在人们面前趾高气扬,洋洋自得。

品
学
兼
优

5

恰恰相反，他品行端正，待人诚恳，特别是对那些家境贫寒的同学，总是尽自己的最大努力去帮助他们，因而深受同学们的信赖。

陈云从小就知道体恤大人的辛苦，这一点是他品行端正中的一个重要内容。每当放学后，他就回到家里帮舅父和舅母做家务，挑水、烧火、洗菜、打扫房屋等，从不让人督促。做完这些家务活后，他便抓紧时间刻苦学习，很少出去和小伙伴们一起玩耍。陈云的虚心好学和聪明懂事，既让舅父、舅母感到无限宽慰，也受到左邻右舍的交口称赞。他们经常以陈云为榜样来教育自己的孩子。

1915年春，陈云从贻善初小毕业。他虽然很想继续念书，但由于舅舅家生活更为艰难，无力再供他读书，只得辍学回家，在舅舅的小饭馆里打杂，照看身体有病的表弟廖霓云。每当陈云看见小伙伴们背着书包高高兴兴去上学，心里总是十分羡慕。但他知道自己是因为家里穷才上不起学的，因此从未抱怨过。

像陈云这样聪慧懂事，勤奋好学，成绩优秀的学生，只因家境贫寒而被迫忍痛离开校园，虽十分可惜，但诸如此类的悲剧，那时又岂止发生在陈云一人身上！幸运的是，他的苦难身世和聪明天赋，引起了当地有名的教育家杜衡伯的注意和同情。这位好心人在征得了陈云舅舅的同意后，决定免费收陈云到练塘镇公立颜安国民小学高小部上学。这真是喜从天降，陈云终于重返校园了。

1915年秋，陈云入颜安小学高小部读书。他十分珍惜这次来之不易的读书机会，更加废寝忘食地刻苦学习，所以，尽管他在班里年龄最小，但学习成绩一如贻善初小，始终名列前茅。他能把《古文观止》中的著名篇章倒背如流，毛笔字写得更加漂亮，对风靡当时的各种新思潮可以很快地接受。此外，陈云在学校里依然尊敬老师，关心同学，沉稳懂事，因此他连年荣获品学兼优奖状。

俗话说："家有钱财万贯，不如薄技在身。"正是为了让陈云将来能有一技之长，好谋求生计，1917年夏，舅舅把他从颜安小学转到了距练塘镇40多里的青浦县乙种商业学校。该校除开设一般高小课程外，主科为商科和农科，传授的是简单的劳动生产知识和技能。

在这里,陈云熟练地掌握了珠算技术,还初步学会了记账册。可惜的是,他学习不足两月,又因家里经济拮据不得不再度辍学。

1918年,13岁的陈云又返回母校颜安小学高小部上学,一直到1919年5月底从该校毕业后,他再也没能像其他同学那样,在本应上学的时候去继续读书,他永远地辍学了。在这期间,陈云经常以"有志者事竟成"的格言勉励自己,更加刻苦地读书和学习。所不同的是,此时的他除了抓紧时间学习课堂知识之外,还积极参加学校组织的各种活动,注重向社会这本"大书"学习,从而开阔了视野,磨砺了品行,增长了才干,感悟了人生。

陈云短暂而艰辛的求学经历给后人留下了许多重要的启示:他虽因家贫而3次失学,但很能理解家里的苦处,从未怨天尤人,更没自暴自弃;而一旦进了校门,他又总是如饥似渴地刻苦学习,不论学什么,也不论在哪个学校学习,他都能学得非常好;他从不死读书,既向书本知识学习,也向社会实践学习;下课后,他从不贪玩,除了帮大人做家务,还抓紧时间刻苦学习。陈云身上所表现出来的这些优秀品德,难道不正是印证了"宝剑锋从磨砺出,梅花香自苦寒来"的古训吗?

■ 陈云就读过的练塘镇颜安小学(现练塘镇中心小学)

师生情谊

　　正如我们所知道的那样,学生时代的陈云,一直都品学兼优。他所以能够做到这点,除了本身的因素之外,诸如明白事理,勤勉好学,天资聪颖等,如果没有老师们无微不至的关怀和循循善诱的教导,是不可想象的。陈云同他的三位老师之间的深情厚谊,不仅像一道绚丽的彩虹出现在他布满阴霾的求学天空,而且述说着一段"人间自有真情在"的动人佳话!

　　自古以来,师生情就是人世间弥足珍贵的一份友谊。如果说亲情是因为血脉相连而牢不可破,那么师生情的坚如磐石则是靠知识这一纽带维系着。在人类漫长的历程中,老师始终是真善美的化身,他们传道、授业、解惑,从事着太阳底下最崇高的事业。诚如唐代著名诗人李商隐所言:"春蚕到死丝方尽,蜡炬成灰泪始干。"莘莘学子正是通过他们而茅塞顿开,长大成人。我们完全有理由说,人类文明之河所以流淌不息,至少离不开老师这一源头活水。

　　刘敏安,陈云的启蒙老师。他是一位饱读经书的老先生,在练塘镇开办了一家私塾。过去,在私塾里教书的先生都是非常严厉的,尤其对那些不用心读书且功课又差的学生,经常是毫不留情地杖责、罚跪,因而使许多学生对先生都心怀敬畏。不过,陈云有些破例。由于他虚心好学,成绩优秀,又很听从先生的谆谆教导,因此刘敏安老先生格外器重他。不仅如此,刘老先生有时还专为陈云深入

8

浅出地讲授一些为人处世的道理,使陈云受到很大启发。这样一来,私塾里那套沿袭已久的体罚制度,对陈云而言便形同虚设了。

人的一生中有许多次"第一",比如第一次上学,第一次上班,第一次为人父母,第一次获奖,第一次失足等等,而不论哪个第一,都常常是刻骨铭心的。由此,我们可以推想,刘敏安作为陈云平生遇见的第一位老师,他的言传身教以及陈云从中获取的教益,无论如何是不会在记忆中消失的。

杜衡伯,这是陈云的第二位恩师。他也是一位老先生,青浦县新桥乡(今大盈乡)人。1911年辛亥革命后,北洋政府推行初小义务教育,即从小学一年级至四年级实行义务教育,杜老先生因是当地比较有名的教育家而受聘担任了练塘镇颜安小学的第一任校长。他长期从事教育工作,培养了很多人才,颇受人们尊敬。

杜老先生在教学之余,经常光顾陈云舅舅的小饭馆,因而注意到了陈云。那时,陈云正好辍学在家做家务,主要是干烧火这个较重的体力活。每当杜衡伯来到饭馆,他总发现陈云坐在灶前烧火,于是便关切地询问起陈云的身世。交谈中,陈云口齿伶俐,记性极强,初小知识对答如流,这很使杜先生吃惊。当得知陈云因家境贫寒而无力继续学业后,深为惋惜,便向陈云舅舅主动提出,要免费让陈云继续读书。杜先生这种惜才如命的真诚举动,既暂时缓解了陈云家的经济困难,又使陈云重返了校园,可谓两全其美,很令人感动!

陈云当然明白他这回上学的机会得之不易,因此更加废寝忘食地刻苦学习,以期报答杜老师的知遇之恩;同时他更清楚杜老师的义举和颜安小学的培养在他生命中所占的分量。常言说,滴水之恩,涌泉相报。陈云自小就懂得这一道理。1921年,从颜安小学毕业已两年的陈云和部分同学集资,为杜老师树了石碑,并在石碑上刻下自己的名字,以资永久纪念。1955年5月,担任国务院副总理职务的陈云到南方农村进行调查研究时,特地返乡访问了颜安母校。1986年,当他得知母校希望他题写校名后,十分爽快地答应了下来,欣然挥毫题名。

陈云和颜安小学的另一位老师也结下了不解之缘,他叫张行恭。张老师是一个进步的爱国人士,他讲起课来旁征博引,生动活泼,很有吸引力。从张老师那里,陈云和同学们学到了维新运动、八国联军入侵北京、辛亥革命等许多知识,从而极大地开阔了视野,懂得了什么是帝国主义的侵略和封建主义的剥削。从此,陈云的思想发生了很大变化,他心中民族自强的意识油然而生。

　　张老师不仅给了陈云知识,使他不再是一个只会读书的学生,而且还帮他找到了生活的出路。原来,陈云第三次辍学后,心情十分苦闷。一方面,他内心十分感激舅父舅母的养育之恩和杜衡伯校长的无私帮助,但又认为一个有志的人不能总是依靠他人而活着,而应该自强自立,况且舅舅家并不富裕,自己应当在家里多承担一些责任,不能再给舅舅增加负担,所以他主动放弃了继续求学的念头;另一方面,他这时已15岁,对自己未来的生活道路有了一些打算,因而不甘于只做个舅舅小饭馆里的小伙计,默默无闻地虚度光阴。所以,陈云这时就好像站在人生的十字路口,迫切需要有人来指点迷津。

　　这时,张行恭老师找到了他,安排他去上海的商务印书馆当学徒。这样既能帮助陈云自立,又有机会读书,加之大上海十里洋场,十分锻炼人,所以陈云十分高兴。他心中十分感激张老师对他的关心、理解和帮助。

　　1919年12月8日,陈云在张行恭老师的陪伴下,离开了生他养他的故乡,开始了一种全新的生活。

　　或许正是由于小时候结下的这种纯洁无瑕的师生之情使陈云获益良多,他一生都非常尊敬、爱护和关心老师,特别对中、小学和幼儿老师更为关心、重视。他曾说过,四化需要人才,人才需要教育,教育需要教师。他还说:"办好中、小学教育,是关系到提高中华民族素质的一项根本大计。"更令人敬佩的是,陈云还把尊师重教的接力棒交给了自己的下一代,他积极支持女儿去中学当老师,连声赞叹:"当教师,好!"这再一次说明了陈云和老师的感情是多么深厚。

五四洗礼

1919年1月,美、英、法、日、意等第一次世界大战的战胜国,在法国巴黎召开所谓的"和平会议"。中国也作为战胜国参加了会议。然而,这次会议不但拒绝接受中国提出的维护国家领土主权的正义要求,反而决定由日本接管德国在山东的各项特权。软弱无能的中国北洋军阀政府的代表居然准备在这样的和约上签字。消息传到国内,激起了全国人民的无比愤怒。5月4日,北京学生3 000余人在天安门集会游行,喊出"外争国权,内惩国贼"、"废止二十一条"、"誓死争回青岛"等口号。由此开始,一场声势浩大的反帝反封建的爱国民主运动迅即在神州大地上轰轰烈烈地展开,这便是著名的五四运动。

当五四爱国运动的消息从北京传来后,青浦县的青年学生和爱国群众立即响应。5月9日,青浦各校师生响应全国学联的号召,举行示威游行,愤怒声讨卖国贼曹汝霖、章宗祥、陆宗舆。11日,青浦县教育会又发动全县各学校罢课三天,师生们纷纷走上街头宣讲国耻。商界亦不甘落伍,相继罢市,抵制日货,声援学生运动。一时间,青浦县的爱国运动风起云涌。

此时,陈云正在颜安小学高小部读书,爱国运动的巨大浪潮深深地吸引着他,使他再也不能坐在教室里心平气和地念书了。他和同学们一起,在张行恭老师的带领下,把颜安小学高小部的师生

12

■ 青年时期的陈云

组成童子军、救国十人团和宣传队,走出校园,奔赴街头、乡村发表演讲,表演短剧,号召人们反对日本帝国主义和卖国贼,抵制日货,不当亡国奴。当时,陈云已经 15 岁。由于他善于独立思考和观察周围的世界,加之品学兼优,口才出众,在同学中有较高的威信,因此便自然而然地成了颜安小学在这场爱国运动中的核心人物。

有一天,陈云在一个茶馆里演讲,他情绪激昂,怒斥日本帝国主义和反动的北洋军阀政府的罪恶,以至于越讲越热血沸腾,不能自已,脚底下一蹬,将桌子上的茶壶都碰倒了。他的义正词严和炽热的爱国情怀,强烈地感染着在场的每一个人,茶馆里不时地爆发出热烈的掌声和喝彩声。

陈云和他的老师、同学们不仅在各种场合以发表演讲的方式,进行爱国宣传活动,他们还表演短剧,以更为通俗和形象化的语言来教育当地的群众。他曾在一出名为《叶名琛》的话剧中扮演了一个角色。叶名琛是清朝末年的两广总督,1857 年英法联军进攻广州时,他不予抵抗,结果城陷被俘,最后客死印度。这幕话剧所蕴含的象征意义是不言自明的,它启发人们对于一切的外来侵略,都要坚决反击;坐以待毙,束手就擒,只会亡国灭种。

颜安小学在这次爱国运动中所用的宣传经费都是陈云和同学们自筹的。他们把自己平时积攒下来的零用钱都捐献出来,买纸张,做小旗,写标语。不仅如此,陈云和同学们还发起成立了爱国贮金会,并走上街头募捐,为反日宣传活动筹款。

尽管陈云这时还是一个小学生,但他年少志高,知道"天下兴亡,匹夫有责"的道理。他的杰出表现,给人们留下了深刻的印象。据陈云幼年时期的同学回忆,陈云与同学们在练塘镇附近的乡村游行、演讲。他们一遍又一遍地呼吁乡亲们,不要吃日本产的干贝,不穿东洋纱织的洋布,不玩用日本原料做的赛璐珞玩具。他们稚嫩的声音,慷慨的言辞,满腔的义愤,不知打动了多少人的心,有些人还情不自禁地跟着陈云和同学们振臂高呼"打倒卖国贼"、"废除'二十一条'辱国条约"、"收回青岛"、"睡狮快醒"、"不要做东亚

病夫"等口号。

　　人生的道路是漫长的,但关键处就那么几步。在陈云70余年的革命生涯中,经受五四运动的洗礼无疑是比较关键的一步。通过这场反帝爱国运动,他的性格和才干都得到了磨炼,更为重要的是,从此以后,他不再是一个只会读书的学生。正是在五四运动的影响下,他到上海商务印书馆当学徒,后来当店员,开始接触革命的民主思想和共产主义思想,并最终走上了献身于共产主义事业的艰辛道路。

商务学徒

在我们伟大祖国的首都北京,有一条闻名中外的繁华商业大街,叫王府井大街。在这条大街的北端,坐落着一家饱经百年沧桑的著名出版社,这就是商务印书馆。

商务印书馆原先并不在北京,它 1897 年成立于上海,因最初印刷商业簿册,故得名"商务"印书馆。其创办人之一夏瑞芳善于经营,印书馆遂由印刷单一的商业簿册转为出版教科书、工具书、科学和文学著作。后来,清朝进士张元济掌管商务后,创办了《小说月报》、《东方杂志》、《教育杂志》等刊物,先后影印了《四库珍本》、《〈四部丛刊〉续编》、《百衲本二十四史》,排印了《万有文库》、《丛书集成》等,并出版大型辞书《辞源》,从而使商务印书馆名声大振,为世人所熟知。

早期的商务印书馆下设印刷、发行、编译和总务等部门。1919年底,陈云来到商务印书馆时,先在发行所里的文具柜台做练习生。所谓练习生,就是学徒,当学徒的第一步是站柜台卖货。陈云当时年仅 15 岁,个头只比柜台稍高一点,因此发行所里的一些好心的老职工都为陈云捏着一把汗,担心他干不了这个工作,就对文具柜主任说:

"廖陈云做这事恐怕不行吧?"

"试试看吧!"文具柜主任勉强地说。

■ 上海市河南中路商务印书馆旧址

陈云没有让大伙失望,他硬是凭着自己的聪明劲儿和不怕困难的精神,消除了人们的疑虑。为了克服因自己个矮而带来的不便,陈云在柜台前放了条凳子,站在上面给顾客取东西。他对顾客非常热情周到,年岁比自己大的人,一律尊称先生、太太。另外,凡遇到不懂的事情,他就主动向店内的老师傅们请教。这样,时间不长,陈云很快便熟悉了业务,文具柜内的活计他都能应付自如,令人刮目相看。

陈云不仅对业务兢兢业业,一丝不苟,而且在文化学习上同样认真刻苦踏实。当时,发行所的营业时间长达 12 个小时,早晨 8 点开门营业,晚上 8 点关门收市。一天工作下来,经常是筋疲力尽,所以工友们下班后都很早就休息了。陈云却不是这样,他总是最后一个休息,最早一个起床。每天早晨天还不亮,他就起床读书、练字,晚上下班后又去补习班学习中文和英文,课后回到宿舍继续学习,直到深夜。据商务印书馆的一些老工人回忆,陈云自到商务当练习生后,不管工作多忙、多累,始终坚持自学。在商务印书馆的青年当中,他是学识最渊博,最有志向和抱负的青年人之一。这说明,陈云不论走到哪里,都是以自己的勤学苦干才卓尔不群并赢得人们的称赞和尊敬的。

陈云在当学徒期间,工作是很辛苦的,而生活则更苦。商务学徒的薪水很少,第一年每月只有 3 元,第二年升为 5 元,第三年 7 元。就是这么一点微薄的收入,陈云都舍不得花。他省吃俭用,将一点一点积攒下来的钱,或寄给舅父和舅母以尽孝道,或去买一些有用的书籍。但是,如果工友们生活上遇到了困难,他又毫不吝啬地给予帮助。陈云这种克己助人的优秀品质,给商务的同事们留下了深刻的印象。

然而,要做到这点是非常不容易的。因为当时的商务印书馆里有一种奢侈的生活习气,很多学徒和青年职工都受到了熏染。但陈云却反其道而行之,克勤克俭,这不仅要有极强的自制力,更要有正确的生活态度。古谚云:"由俭入奢易,由奢入俭难。"勤俭持家历来是我们中华民族的传统美德。陈云的行为说明,他无疑是恪守这一传统道德信条的模范。

陈云不仅自己生活俭朴,自觉抵御不良生活习气的侵蚀,而且还经常开导工友们:"青年人应当奋发有为,做些对民众有益的事情,这样生活才有意义。"他还说:"一个青年人,生活态度和生活方式安排得是否得当,对一个人的前途很有关系。"他劝工友们不要沉湎于不健康的生活方式,放浪形骸,残害身心,而应当多看些有益的书。

陈云是这样说的,也是这样做的。比如,在商务学徒期间,英文和毛笔字是两项基本功,必须要过得硬。为此,陈云下了很大功夫。但他又不满足于此,还阅读其他书籍来充实自己。他当时主要是有选择地阅读一些文化知识书籍和政治书籍,像国家主义、三民主义的书他都涉猎过。这些书籍对于陈云认识社会,探求救国救民的真理,是很有帮助的。正如他后来所说的那样:"拿我自己来说,我的背景就非常复杂。我先是相信吴佩孚,后来相信国家主义,再后来又相信三民主义,最后才相信共产主义。因为经过比较,认识到共产主义是最好的主义。"

当学徒的日子是苦涩的,不单工作辛苦,生活也清苦。尽管如此,陈云从未对生活失去信心。他每天都练习拉胡琴,以陶冶情趣,即使冬天漫天飞雪,他照样在室外坚持练习。起初,有的工友不太理解,就问他:"你不是常说应当抓紧时间多看些进步书籍吗?我看你读书已经够累了,怎么还花时间学拉胡琴呀? 不会用那时间歇歇吗?"

陈云听后笑着解释说:"学习拉胡琴正是为了更好地休息呀!我们的生活很苦,很单调,没有什么娱乐,学会了拉胡琴,空时大家拉拉唱唱,兴奋兴奋精神,对身心不是很有益处吗? 这是积极的休息。"陈云这种对生活哲理的通俗理解,使工友们很受启发。

社会生活的实践反复告诉我们这样一个颠扑不破的真理:苦难往往是人生的一笔财富,温室里长大的树苗常常经不起风吹雨打。越是困苦的时候,越要振奋精神,笑面人生,卧薪尝胆,去开创美好的生活,正所谓艰难玉成。捷克著名作家伏契克说得好:"没有歌唱就没有生命,就像没有太阳就没有生命一样。"

陈云就是这样的人!

领导罢工

陈云从 1919 年底进商务印书馆当学徒,后来当店员,到 1927
年夏天被迫离开时,一干就是 7 年。在此期间,以上海为中心,在
全国爆发了声势浩大的五卅反帝运动。五卅运动不仅证明,帝国
主义、封建军阀和买办资产阶级是中国革命的死敌,而且也严重考
验了中国各革命阶级。而对陈云来说,这次运动也深刻地改变了
他未来的生活道路,使他最终成了无产阶级队伍中的杰出一员。

1925 年 5 月 15 日,上海日本纱厂的日本大班枪杀了工人代
表、共产党员顾正红,伤十余人。此事立即引起了工人们的罢工反
抗。24 日,在沪西工人俱乐部前的空地上,举行了全市性的追悼
顾正红烈士大会。陈云和商务印书馆的部分职工满怀悲愤地参加
了这次追悼会。28 日,中共中央召开紧急会议,分析了上海各阶
级的动向,决定发动群众于 30 日在上海租界内举行反帝示威,抗
议日本帝国主义残酷镇压中国工人的罪行。

30 日,上海市工人、学生及其他群众 2 000 余人,在租界示威游
行,遭到英国巡捕的开枪射击,当场死伤数十人,这就是震惊中外的
五卅惨案。当晚,中共中央再次召开紧急会议,决定发动工人罢工,
商人罢市,学生罢课,一致向帝国主义反击。由此开始,中国历史上
空前未有的一场革命风暴迅速由上海席卷全国,这便是五卅运动。

陈云在上海积极地参加了五卅运动。他和商务的广大职工一

起,举行罢工和示威游行,反对帝国主义的血腥屠杀。为了让广大市民了解五卅惨案的真相,他几乎每天都要走上街头义卖商务主办的《公理日报》,一直坚持到该报被迫停刊。此外,五卅运动期间,商务编译所的职工首先发起组织商务印书馆国人经济后援会,决定从6月1日起,省吃俭用,从工资中拿出一部分,捐给罢工工人和学生。陈云和其他职工纷纷响应。据当年的老工人回忆,陈云不仅把自己辛苦积攒下来的工资捐了出来,还组织一些青年工人上街动员和宣传募捐。

然而,由于帝国主义调集大批军舰开到上海,出动大批海军陆战队镇压五卅运动,到1925年秋季,上海的工人运动处于低潮。在这种情况下,中共中央决定在职工基础较好的商务印书馆再次掀起罢工高潮。陈云由于在商务的青年工人中威信较高,五卅运动中又敢于斗争,因此被中共上海区委指定为商务临时党团成员。

为了使罢工有一个良好的群众基础,陈云和徐梅坤、沈雁冰、杨贤江等临时党团成员深入到工人中间去做动员工作。针对一些职工担心罢工失败丢了饭碗的畏惧心理,陈云进行了耐心细致的说服开导。他说:"五卅惨案以后,民族主义革命思想蓬勃发展,上海邮务工会罢工刚胜利,给职工群众很大的启发;而8月下旬学校又将准备秋季开学,全国大、中、小学,大都要采用商务印书馆出版的课本,就是说,正是资本家猎取最大利润的前夕。在这个时期罢工,老板必然要考虑到生意被中华书局夺去的危险。只要工友们团结一致,坚持斗争,罢工胜利的可能性是很大的。"陈云还向职工们解释罢工的伟大意义,他说:"我们罢工的目的不单是为了增加点工资福利,而是为了更美好的未来。我们不能永远过这种受剥削受压迫的黑暗生活!我们的斗争一定会胜利!"陈云透彻的分析使职工们受到很大启发,他们终于解除了顾虑。

8月20日,罢工临时党团以五卅宣传队的名义,秘密召开了商务党团员和积极分子会议,讨论组织罢工的策略、方法和步骤。21日,陈云主持召开商务党团成员、工会执委和工会积极分子会议。

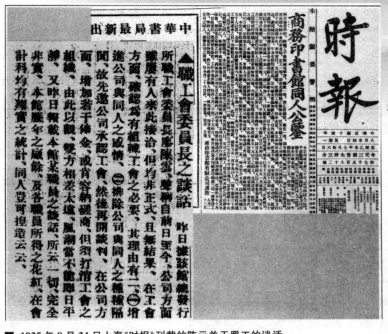

■ 1925年8月24日上海《时报》刊载的陈云关于罢工的谈话

会议作出举行罢工的决议,草拟了《罢工宣言》、《复工条件》等文件,选举了临时委员会,陈云为委员长。

为使罢工稳妥可靠,万无一失,陈云进行了认真仔细的准备。22日凌晨,他派纠察队员到首先要举行罢工的商务发行所,把发行所的大门及各部门办公室的钥匙全部集中起来,还把工人们上下班的记录卡片都拿掉,以防资本家查考,对工人实施报复。

8月22日早晨,商务印书馆大罢工在发行所开始了。陈云被工人们一致推举为发行所职工会委员长。发行所职工罢工后,陈云又马上前往印刷所领导罢工。中午,印刷所响应罢工。紧接着,总务处也参加罢工,并和发行所、印刷所的罢工代表商定一致的复工条件。晚上,总务处同仁会、发行所职工会、印刷所工会召开联席会议,决定联合行动,成立罢工执委会,陈云再次被推选为委员长。

陈云

罢工斗争是异常复杂艰险的。23日上午,陈云等人又前往印刷所、发行所,向工人们详细解释复工条件,诸如增加工资、成立工会、缩短工时、废除包工制、优待女工和学徒、不得因此次罢工开除工人、罢工期间工资照发等,以使工人们齐心协力,争取罢工最后胜利。但是老奸巨猾的资本家使用各种伎俩,竭力破坏罢工。他们不仅拒绝接受复工条件,而且采取挑拨离间,拉拢分化,腐蚀利诱的办法,分化罢工工人。另外,他们组织御用的同人会和工会相对抗,还想借助出版同业,代为推销教科书,迫使罢工中途流产。

面对资本家的各种阴谋,陈云显得十分镇静和沉着。8月24日,他在上海《时报》上发表了关于争取组织工会自由作为取得这次罢工斗争胜利的最基本条件的谈话。他积极在低薪青年职工中培养罢工骨干力量,努力团结职工中的中间分子,对已被资方拉走

■ 陈云(前排左三)同上海商务印书馆发行所职工会第一届执行委员的合影

的一些职工,则晓之以理,促其悔过。由于陈云的精心组织和工人的紧密团结,到 8 月 27 日,资本家被迫全部接受工人提出的复工条件,罢工终于取得了胜利。

　　陈云在这次罢工斗争中表现出的坚定的革命意志和杰出的领导才干,引起了商务党组织的高度重视。经商务第一任党支部书记董亦湘和发行所第一位党员恽雨棠的介绍,陈云光荣地加入了中国共产党。9 月 1 日,商务印书馆发行所职工召开全体大会,正式成立职工会,陈云被推选为职工会委员长。从此,年仅 20 岁的陈云开始了他职业革命家的生涯。

"铁窗风味"

　　著名共产党人夏明翰在英勇就义前曾写过一首震撼人心的不朽诗篇："砍头不要紧,只要主义真。杀了夏明翰,还有后来人。"它告诉我们,干革命,求工人阶级和劳苦大众的彻底解放,就得不怕坐牢断头,甘愿流血牺牲。在中国共产党艰苦卓绝的革命历史上,像夏明翰这样威武不屈的革命者,何止成千上万! 陈云便是其中的一位。

　　众所周知,中国共产党成立后,首先集中力量领导了工人运动。在党的正确领导下,工人运动很快在全国范围内发展起来,从1922年1月到1923年2月,全国第一次工人运动风起云涌,给帝国主义和封建军阀以沉重的打击。1926年7月,在中国共产党的推动和组织下,国民革命军开始出师北伐,向盘踞在中国大地上的反动军阀展开了又一次猛烈的进攻!

　　为配合国民革命军北伐,从1926年秋到1927年春,上海工人先后举行了三次武装起义。这三次武装起义,陈云都参加了。1926年10月的第一次武装起义因对全市工人群众的组织和发动不够而流产。尽管如此,陈云和商务印书馆的工友们都经受了一次锻炼和考验,他们毫不气馁,在党组织的领导下,又积极准备着第二次武装起义。

　　1927年2月7日,陈云参加了中共上海区委召开的第二次武装起义准备会议。8日,他又出席了上海总工会召开的各工会负责人联席会。但是,就在这次会议期间,陈云和与会的党员、工会积极分子一共65人不幸被英巡捕房逮捕,他们一起被押往提篮桥捕房。在这次突发事件之后,中共上海区委组织部长兼上海总工会党团书记赵世炎,立即组织营救。采取的办法是由英电、老怡和工会出面向巡捕房要人,理由是:这些工人是我们请来开庆祝会的,你们无故抓人,如不立即释放,翌日将举行全市总罢工。在广大工人群众的压力下,加之陈云等人均未暴露共产党员的身份,英方不得不放人。当晚10时,陈云等65人被释放。

这是陈云平生第一次被捕,但并未使他产生任何畏惧情绪。出狱后,他便立刻又投入到了上海工人第二次武装起义的准备工作中。

上海工人第二次武装起义因准备工作不充分而再次失败。此时,整个上海笼罩在一片白色恐怖之中,政治形势更加严峻。为保存革命实力,继续进行斗争,商务印书馆发行所党支部奉中共上海区委和上海市总工会的命令,将该所部分党员、工会骨干和积极分子暂时安排撤离上海,到周围市县隐蔽。陈云等6人转移至浙江余姚,并在此开展革命活动。

上海工人两次武装起义失败后,中央军委书记周恩来秘密来到上海,组织酝酿第三次武装起义。陈云得知这一消息后,决定离开余姚返回上海参加起义。

1927年3月上旬,陈云返回上海。他立即着手准备商务工人参加第三次武装起义的各项工作。当时,商务印书馆所在的闸北区是起义的重点区域,而商务工人纠察队又是闸北工人纠察队的骨干力量,因此,加强工人纠察队的战斗力便成为起义准备工作中的重要一环。陈云等人遵照周恩来的指示,组织部分纠察队员参加了商务资本家组织的闸北保卫团第三辅助团,这样一来,不仅有了合法身份,获取了枪支,也能开展公开的军事训练,学到军事技术。此外,陈云等人还组织一批骨干纠察队员轮流接受军事训练,

■ 上海工人第三次武装起义胜利后的工人纠察队

这些人后来分别担任了工人纠察队的大、中、小队长。而大部分纠察队员则在馆内接受周恩来指派的黄埔教官的军事训练。经过各种方式的训练，商务工人纠察队员大都掌握了基本的军事技能，成为第三次武装起义中的一支劲旅。

武装起义的各项准备工作是异常具体而繁重的，稍有不慎都将酿成大错。陈云做事从来都非常认真仔细，他不放过每一个环节，像组织救护队、宣传队、消防队这些工作，都详细过问。当他安排好起义前的准备工作后，又勇敢地投入到起义的战斗中。

1927 年 3 月 21 日中午 12 时整，上海工人第三次武装起义爆发了。陈云和商务工会的其他负责人一道，立即紧急集合商务工人，下达口令，给纠察队员发放武器弹药和铁棍、斧头等器械。起义开始 1 小时后，陈云接到上海总工会命令，要他同中共代表一起到上海近郊龙华，与驻扎在那里的白崇禧率领的北伐军谈判，要求白崇禧立即命令部队开进上海，支援起义工人。但白崇禧执行蒋介石的命令，按兵不动，企图坐收渔人之利。面对白崇禧的无理拒绝，陈云愤然离去。

这时,起义已临近尾声。7个战区中已有6个区完成了任务,只有闸北区的作战任务没有完成。陈云从龙华返回市区后,参加了最后的决战。经过20多个小时的浴血奋战,工人们在22日下午6时终于攻克了敌人的最后一个据点——闸北区北火车站。至此,上海工人第三次武装起义取得了伟大胜利。

起义胜利后,陈云参加了成立上海特别市临时政府的筹备工作。但是蒋介石不甘心把政权交给人民。4月12日,他以北伐军总司令的名义,派兵强行收缴了上海工人纠察队的武器,疯狂屠杀共产党员和革命群众。上海顿时陷入一片白色恐怖。

由于陈云在上海从事工人运动已有几年,且很有名气,因此,四一二反革命政变后,他遭到了反动政府的通缉,处境十分危险。但不管敌人如何凶残,陈云的精神总是乐观的,他把全部精力都用来考虑如何继续同敌人展开斗争,还经常对身边的工友们说起这样一首打油诗:

> 铁窗风味,
> 家常便饭。

■ 上海工人纠察队总指挥部

　　　　杀头枪毙，

　　　　告老还乡。

　　这首小诗深刻地反映出了陈云坚强的内心世界。是啊,革命何须怕断头! 陈云以他 70 余年的革命生涯,证明了他不愧为一个伟大的无产阶级革命家。

发动农民暴动

1927 年 4 月 12 日,蒋介石发动反革命政变,大肆屠杀共产党人和革命群众。紧接着,汪精卫于 7 月 15 日悍然举行"分共"会议,和蒋介石一样公开背叛孙中山制定的国共合作政策及反帝反封建的纲领。至此,轰轰烈烈的大革命惨遭失败。

在形势极其危急的情况下,中共中央临时常委迅即决定进行武装反抗。8 月 1 日,以周恩来为首的中共前敌委员会和贺龙、叶挺、朱德、刘伯承等领导的北伐军 3 万余人,在江西南昌举行武装起义,打响了武装反抗国民党反动派的第一枪。7 日,中共中央在汉口召开紧急会议,总结了大革命失败的经验教训,确定了土地革命和武装反抗国民党反动派的总方针,并把发动农民举行秋收起义作为当前党的最主要的任务,这就是著名的八七会议。

9 月初,中共江苏省委根据八七会议的精神,首次下达《农民运动计划》,认为目前农运的主要工作是抗租、抗税、抗捐和利用冬防土匪蜂起时,造成各地暴动的形势。10 月初,陈云受江苏省委的派遣,离开上海来到青浦发动农民举行武装暴动。

青浦当时也是一片白色恐怖。因此,要在这种严酷的环境中组织农民暴动,谈何容易!但是陈云并没有被国民党的嚣张气焰所吓倒。他首先组织召开了青浦县东乡党员会议,向他们传达了八七会议精神和江苏省委的指示,并和大家一起研究了发动农民暴动的条件和策略。陈云在会上指出:青浦地处苏州、嘉兴、上海三角地带的中心,地理位置十分重要。青浦东乡与岗山、嘉定相接,东乡农民的抗租斗争如能和嘉定外冈地区农民的"五抗"斗争联合起来,则可切断沪宁铁路,支援苏州、无锡地区的农民暴动;青浦西乡的小蒸,紧靠沪杭铁路一侧,是松江、金山、青浦三县交界处,如能和松江、金山农民斗争联成一片,就可切断沪杭铁路,支援浙江及浦东地区的农民暴动,并可以配合上海的工人运动。大家深为陈云透彻细致的分析所折服。于是,会议按照陈云的意见,决定从东乡的观音堂和西乡的小蒸入手,发动农民开展抗租斗争,进而组织农民进行暴动。

会后,陈云亲赴小蒸开展工作。他和中共党员吴志喜根据小蒸地区的斗争特点,研究了开展农民暴动的策略,一致认为首要的任务就是恢复和整顿农民协会,大力培养农会骨干,建立农村党的基层组织,开展农民革命斗争。随后,陈云和吴志喜一起召集曹兴达、曹象波、徐秋松、胡秀清等农会骨干开会。会上,陈云问道:"你们上半年吃了不少苦头,今后还敢干吗?"曹兴达等人回答:"敢!穷人面前只有一条路,不革命无生路。我们一定要干下去,不打倒土豪、官僚决不停手。"陈云听后高兴地说:"对,只有在共产党领导下才能取得胜利。干吧,我们伸出铁拳,就能把封建势力打碎!"

为了更好地开展工作,陈云白天和农民们一起干农活,不失时机地向他们宣传革命道理,晚上则走村串户,找积极分子谈话、开会,给农民算收支账,指出农民贫困的根源是租米和高利贷,教育他们只有组织起来,同豪绅地主斗,才能挖掉穷根。就这样,经过一个多月的艰苦工作,陈云在小蒸附近20多个村子里恢复发展了农民协会,培养了一批农民运动的骨干。

但是要成功地发动农民举行暴动,仅有党的领导和少数几位农会骨干的参与,是远远不够的;如果没有广大农民群众的参加,暴动势必成为无源之水,无本之木。所以,陈云决定利用江南的传统庙会"十月朝"的机会,召开群众大会,大规模地向群众进行教育,动员他们参加暴动。

农历十月初一(公历 10 月 25 日)这天,东方刚露出鱼肚白,小蒸附近 30 多个村庄的农民便来到小蒸祭神。往日里冷冷清清的坟地,这时锣鼓喧天,人声鼎沸,热闹异常。祭神刚结束,陈云、吴志喜等立即跑到小蒸庙后的荒坟地上召集群众,陈云站在一个又高又大的坟堆上,面对着 3 000 多名农民群众发表了精彩的演说:

"我们种田人,猫一样跳,狗一样叫,熬心吃苦把田一块块翻了,把苗一棵棵种活,又要垩肥下本钿,可是一年到头收成到手不到一半。高门里扇扇子、乘风凉倒要收去六成,大家看合不合理?

"我们农民是:有黄霉无稻熟,拍拍灰尘一条裤子一根绳,有债无饭米,待到西北风起,吊死在坑棚里。今天开会的台基,就是我们穷农兄弟苦了一辈子勉强占住的一角葬身之处。世界上的事情为什么这么不公平?

"地主要催租,我们怎么办?干脆不交租米,农民团结起来,实行'耕者有其田'。所有的人都不交租,财主老爷要我们吃官司也没有那样大的监牢。不仅小蒸不交租,近一点说,枫泾、金山、观音堂、黄渡也不交租;远一点说,湖南、福建都不交租,看地主老爷有什么办法。"

由于陈云的演讲通俗易懂,入情入理,因此非常有号召力和感染力。荒坟地上有的凝神静听,有的互相小声议论,有的甚至忘了回去吃饭。他们越听心里越亮堂,觉得应该行动起来,同剥削、压迫他

■ 1928 年小蒸农民武装暴动指挥所旧址

们的老财们斗争到底。

　　陈云的这次演讲，可以说是小蒸地区农民暴动前的一次总动员。通过这次动员，农民群众的革命积极性被充分调动起来了。

　　与此同时，为了对付地主豪绅向农民逼租，陈云等人决定建立一支农民武装队伍，否则，就不能巩固前一段所取得的成果。11月，中共青浦县委建立了农民革命军总指挥部，陈云任政委。接着，东乡、西乡也建立了农民军。

　　陈云等人经过一番准备之后，静候着上级党委的指示，一场轰轰烈烈的暴动顷刻就要来临。

铲除恶霸

1927年秋,陈云遵照江苏省委的指示,在一片白色恐怖之中前往家乡青浦发动农民举行武装暴动。由于陈云等人耐心细致的工作,当地广大农民群众被发动起来了,他们的革命觉悟大大提高,敢于和地主豪绅进行斗争,一时间,青浦的革命气象为之一新。

但是,面对这种万象更新的革命局面,土豪劣绅恨得要死,怕得要命。为了继续剥削和压榨农民,他们勾结地方官府,用武力来镇压农民的反抗,企图扑灭熊熊燃烧的革命之火。

这年秋收结束后,小蒸镇上的大地主汪倾千、胡祖文多次勒令农民交租,但总不见有人理睬。他们气急败坏,从练塘镇请来了流氓头子袁伯祥,带来了水警队,开了一条"二号枪船",荷枪实弹地向小蒸农民逼租。于是,镇里的其他地主立即气焰嚣张起来,他们公开摆起了收租台,有的公然上门讨债逼租,还有的地主带着狗腿子到处转悠,见到佃户就逼租。在这种情况下,一些意志不坚定的农民开始动摇了,有的甚至开始交租了。

鉴于地主勾结水警队武装逼租的情况,陈云在小蒸镇主持召开了中共松青县委(即青浦县委)扩大会议,决定于1928年1月3日举行武装暴动,狠狠打击地主和水警队的嚣张气焰。暴动开始后,农民军手执长枪、短枪、大刀、铁矛,高喊着"打倒土豪劣绅"、"大家不要还租"等口号,沿着河岸追击袁伯祥的"二号枪船"。枪船上的水警吓得屁滚尿流,袁伯祥见势不妙,跳到水里,逃之夭夭。但是,经过激战,由于敌我在武器装备上的悬殊,陈云果断下令农民军撤出战斗,保存有生力量,转移到塘南钱家草一带待命。

陈云指挥农民军撤退后,大地主汪倾千、胡祖文等人误以为共产党、农民军已被打垮,于是更加嚣张起来。他们扬言:"穷人想翻身,除非东洋大海起灰尘","今年不交租,要比收回泼水难三分"。他们还在小蒸镇上的茶馆里大肆谩骂农民军,对参加武装暴动的农民的家属严厉训斥,还派一帮打手到农会骨干家中恣意骚扰,强行逼租要债。顿时,小蒸农民又陷入了水深火热之中。为给群众壮胆,伸张正义,陈云决定抓住这一关键时机,铲除汪倾千、胡祖文等恶霸地主,再次打击敌人的嚣张气焰。

1月5日傍晚,陈云和吴志喜带领一支农民军小分队,趁着夜色,从西河山浜出发,越过沪杭路,渡过大蒸塘,神不知鬼不觉地直奔小蒸而来。当晚10时左右,汪倾千看完花鼓戏后刚刚回到家里,吴志喜下令早已埋伏好的农民军,一拥而上,抓住了汪倾千。汪见势不妙,连忙下跪求饶:"吴先生,有啥事好商量……"吴志喜愤怒地喝道:"打!"随着枪响,汪倾千栽倒在地,一命呜呼。接着,农民军又迅速冲到了胡祖文家,把他从夹墙里拖出来就地正法。

处决了汪倾千、胡祖文后,陈云带领农民小分队转移到枫泾地区。这里地处江浙两省的交界处,虽河道纵横,交通便利,享有江南鱼米之乡的美誉,但这里的恶霸地主金海琴、李新发、李善庆、李海龙等人,其作恶程度丝毫不亚于汪倾千、胡祖文。他们指使地主雇佣"大佰"(即流氓地痞)强逼农民交租,如果缴不出租,这些"大佰"就在农民家里白吃白住。更令人发指的是,这些无恶不作的"大佰"还要把农民拉去吃租米官司,所以广大贫苦农民生活异常困苦。

陈云等人来到后,农民群众就好像见到亲人一样,向他们控诉这些地主恶霸的罪行,纷纷强烈要求农民军镇压土豪劣绅,为民除害。

1928年1月11日晚,应广大贫苦农民的要求,农民军数百人,分成三个队,脖子上系着红布,悄悄来到屈家浜、钱家草、西官村三地,处决了欺压百姓的金海琴、李善庆、李海龙等5名恶霸,烧毁了他们的田契,分掉了钱粮,收缴了他们的枪支,并在各村张贴标语和布告,公布金海琴等人的罪行,民心一时大快。

　　农民军在小蒸和枫泾两地铲除恶霸的革命行动,极大地鼓舞了农民群众抗租抗息的信心,他们无不拍手称快。当时曾流传着这样一首歌谣:"共产党,扒平王,一夜打死七只狼,财主人家泪汪汪。"

　　尽管如此,在当时敌强我弱的形势下,陈云领导的农民军最终还是受到了国民党反动政府的残酷镇压。在一次突围战斗中,陈云的战友吴志喜、陆龙飞和农民军及农会会员60余人不幸被捕。

■ 上海市金山县枫泾镇

不久,吴、陆壮烈牺牲。与此同时,陈云也受到国民党反动政府的通缉,处境相当险恶。但陈云毫不畏惧,他曾对流着泪劝说他不要再做"造反"之事,并叫他尽快成亲的舅舅、舅母说:"不推翻现在黑暗的社会制度,个人及家庭问题是没有出路的。只有到了革命成功时,每人可以劳动而得食时,人人家庭都可解放,我的家庭也就解放了。"

陈毅元帅在《梅岭三章》中写道:"投身革命即为家,血雨腥风应有涯。"人民共和国的开国元勋们都是这样,为了穷苦人民的翻身解放,为砸烂黑暗的旧社会,早已把个人的生死荣辱置之度外,因为他们所从事的事业,是人类的正义事业、无私的事业!

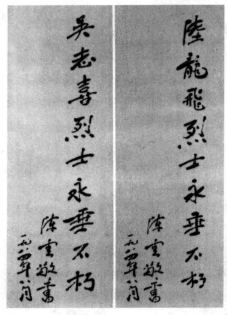

■ 陈云为在小蒸、枫泾暴动中英勇牺牲的烈士题词

36

特科岁月

1927年四一二反革命政变后，在极其严重的白色恐怖下，中共中央为了保卫中共中央的安全，于当年11月在上海建立了一个同国民党反动派进行隐蔽斗争的保卫工作组织，即中共中央特科。它的首任和主要的领导人是周恩来。中共中央特科下设总务、情报、行动、交通等四科，分别负责布置会场、设立机关、营救安抚；搜集情报、反间谍；镇压叛徒内奸、打击国民党特务；无线电通讯联络等工作。中央特科自创建后，紧紧依靠党的各级组织和革命群众，深入敌人的侦察机关，探取敌人破坏我党的各种阴谋活动，向党的秘密组织报警，为保卫党的首脑机关及其革命活动的安全，做出了重大的贡献。

1931年4月24日，时任中共中央政治局候补委员、中央特科负责人的顾顺章，在护送张国焘前往鄂豫皖根据地后，由于叛徒王竹樵的指认，在武汉被捕叛变。顾顺章原是一个工人，在五卅运动期间入党，中央特科成立后，他长期参与特科的领导工作，了解和掌握党的很多重要机密，清楚只有极个别人才知道的中共中央机关和许多中央领导人的住址，也谙熟党的各种秘密工作方法。正因如此，他的叛变对中共中央的安全造成极大威胁。

当时，远在上海的中共中央没有立刻获悉顾顺章在武汉叛变的消息。顾顺章向国民党当局建议以突然袭击的方式将中共中央及其主要领导人一网打尽。可幸的是,这个极端机密而重要的情报,被奉命打入国民党中央组织部调查科当机要秘书的地下党员钱壮飞获悉了。他迅即派人连夜从南京赶到上海,向党中央报告。

在这十万火急、千钧一发的危急关头,面对险恶的形势,中央主要负责人周恩来立即同正担任江苏省委组织部部长的陈云先商定对策,然后召集特科的聂荣臻、陈赓、李克农、李强等人举行紧急会议。会议决定迅速采取紧急措施,全力粉碎敌人的罪恶企图:销毁机密文件;转移党的主要负责人并采取严密的保卫措施;把一切可以成为顾顺章侦察目标的干部,尽快地转移到安全地带或撤离上海;切断顾顺章在上海所能利用的重要关系;废止顾顺章所知道的一切秘密工作方法。经过三天的昼夜奋战,终于化险为夷,抢在敌人前面妥善完成了上述任务,彻底粉碎了敌人妄想一网打尽我党首脑机关的大阴谋,从而使党避免了一场毁灭性的大破坏、大灾难。

这真是一场惊心动魄的大搏斗,若没有钢铁般的意志,非凡的组织领导才能和沉着冷静、机智果断、临危不惧的品德,是不可能胜任如此艰险异常的斗争的。在这次事件中,陈云作为周恩来的得力助手,做出了突出贡献,再次体现了他超人的智慧和胆略。在这场斗争中,中央改组了特科工作委员会和特科工作机构,陈云成为了特工委成员并担任特科的总负责人。

在陈云负责特科期间,特科还处理了一件大事,就是反击国民党特务制造的"伍豪事件"。伍豪是周恩来曾用过的化名。1932年2月,叛徒顾顺章勾结国民党中统特务黄凯(时任国民党中央党部调查科驻沪调查员)和国民党中央党部调查科情报股总干事张冲,在上海《时报》、《新闻报》、《申报》等以及国内其他地方的一些报纸上,刊登了经他们伪造的所谓《伍豪等脱离共党启事》。这一做法,可谓阴险狡诈,一箭双雕,一来可以诬蔑周恩来和瓦解我党在白区的革命力量,二来可以在我党广大党员和工人群众中造成思想混乱,使我党涣散解体。

这则启事刊出后，我党迅速对这一造谣诬蔑的卑劣行径进行反击，但由于周恩来早在这则伪造启事刊登之前的两个多月，即1931年12月上旬已秘密离开上海，前往江西中央苏区，所以就由在上海的临时中央研究反击对策，中央特科协同上海党的地下组织付诸实施。

1932年2月20日，我党在上海散发了题为《反对国民党的无耻造谣》的传单。27日，在上海出版的党报《实报》第11期上，刊登了党所代写的另一个《伍豪启事》，指出："《伍豪等脱离共党启事》是国民党造谣诬蔑的新把戏"，"一切国民党对共产国际、中国共产党与我个人自己的造谣诬蔑，绝对不能挽救国民党于灭亡的！"3月4日，我党以周恩来的另一别名周少山的名义，在《申报》上刊出了《巴和律师代表周少山紧要启事》，采取更为明确有力的措施公开辟谣。启事说："近日报载伍豪等243人脱离共产党启事一则，辱劳国内外亲戚友好函电存问。惟渠伍豪之名除撰述文字外绝未用作对外活动，是该伍豪君定系另有其人，所谓243人同时脱离共党之事，实与渠无关。"

与此同时，在中央苏区，毛泽东以中华苏维埃临时中央政府主席的名义发布布告，揭露国民党反动派的无耻造谣，使这则伪造启事未能达到预期的目的。

陈云是一个对党的事业、对同志非常负责的人。40多年后，在"文化大革命"中，江青等人曾几次利用这则伪造启事陷害周恩来，妄想扫除她篡党夺权的最大障碍。陈云在十分困难的情况下，以实事求是的科学态度，站出来讲话。他说："我当时在上海临时中央，知道这件事的是康生同志和我。对这样历史上的重要问题，共产党员要负责任，需要向全党、全世界共产主义运动采取负责的态度，讲清楚。这件事完全是国民党的阴谋。"他还在一个书面发言中郑重写道："我现再书面说明，这件事我完全记得，这是国民党的阴谋。"

陈云在中央特科期间，还具体负责财务会计工作。在白色恐怖异常严重的环境里,陈云常常装扮成商人,灵活机智地向同志们下达指示和布置工作。陈云还经常为外地来沪寻找党组织的同志安排工作,分配任务,为前往外地工作和出国学习的同志发放路费等等,从而把我党在隐蔽战线的工作,搞得有声有色,令敌人大伤脑筋。

"一个深晚"

　　大家知道,鲁迅是伟大的文学家、思想家、革命家。他一生热切地追求真理,永不停顿地前进,始终站在时代潮流的前列,把斗争锋芒直指帝国主义、封建主义及其走狗。鲁迅的革命精神——他的骨头是最硬的,他对敌人的斗争是异常坚决和勇敢的——和他所留下的极其丰富、妇孺皆知的作品《一件小事》、《祝福》、《拿来主义》、《孔乙己》、《狂人日记》等,对中国社会和中国人的思想产生了广泛而深刻的影响。虽然他没有在组织上加入共产党,但他始终坚信党的力量,同党站在一起,是一个真正的马克思主义者、共产主义者。

　　说起来很有趣,在灿若群星的我党第一代领导人当中,真正见过鲁迅的人却很少。他们彼此的心是相通的,但只是神交。陈云却是个例外。他和鲁迅有过一面之交,尽管时间非常短促,甚至来不及多说几句话,鲁迅的形象却深深地印在陈云的脑海里,再也无法抹掉。

　　那是 1932 年 12 月 23 日夜,陈云受党组织的委托,秘密来到上海北四川路鲁迅的寓所,接走在此避难的瞿秋白夫妇。

　　瞿秋白是我党早期的主要领导人之一,在 1930 年召开的六届三中全会上,他成为党中央的实际负责人。1932 年党内连续出现

■ 上海北四川路拉摩斯公寓——鲁迅故居

叛徒后,敌特一直把他作为搜捕的主要目标之一。当时他身患重病,不能远离上海,党组织便把他隐藏在鲁迅家里。虽然鲁迅的处境也非常困难,但仍然不畏艰险地保护瞿秋白夫妇。后来,上海的特务组织对鲁迅的监视越来越紧,在这种情况下,为了保证瞿秋白的安全,也为了保护鲁迅先生,党组织决定把瞿秋白转移到更为安全的地方。

　　夜幕低垂,寒风凛冽。这时,一辆黄包车急匆匆地行驶在上海市区僻静的小路上,黄包车夫左拐右转,最后在北四川路口1路电车的掉头处停下来。车上的客人身穿一件西装大衣,衣领高高竖起遮住了自己的脸,头上戴的帽子也压得很低,盖住了前额。在这黑漆漆的冬夜里,几乎没人能看清楚他是谁。这正是陈云。他下车后,付了车费,机警地看看周围,然后迅速走进沿街的一座公寓楼。上了三楼,陈云按照事先知道的门牌号码,找到了鲁迅先生的

■ 1932 年瞿秋白在上海

家。他轻轻地叩了两下房门，里面出来一个妇女。

"周先生在家吗？是×先生要我来，与×先生会面的。"陈云问。

女主人听罢，很客气地把陈云请进屋里。瞿秋白夫妇早把东西准备好了，正等着他。

"还有别的东西吗？"陈云关切地问。

"没有了。"

"为什么提箱也没有一只？"

"我的一生财产尽在于此了。"瞿秋白坦然答道，紧接着又问："远不远？"

陈云说："很远，我去叫一辆黄包车。"说罢，陈云便要下楼去叫车。

这时，站在一旁、凝神静听他们说话的鲁迅先生，急忙拦住陈云说："不用你去，我叫别人去叫黄包车。"

趁这个空儿，瞿秋白把陈云和鲁迅互相作了介绍。这是陈云第一次见到鲁迅先生，听完瞿秋白的介绍，他立即尊敬地说："久仰得很！"

鲁迅穿着一件旧的灰色棉袍，神情庄重而略带忧郁，他问陈云："深晚路上方便吗？"

"正好天已下雨，我们把黄包车的篷子撑起，路上不碍事的。"陈云答道。

不一会儿，女主人说："车子已经停在门口。"

"走吧。"陈云边说边去拿东西。

鲁迅在门口叮嘱瞿秋白："今晚上你平安到达那里后，明天叫××来告诉我一声，免得我担心。"

陈云和瞿秋白夫妇出了门，往楼下走去。鲁迅和女主人站在门口小声说："好走，不送了。"

瞿秋白回过头来，深情地对鲁迅先生说："你们进去吧。"

■ 1933年鲁迅在上海

『一个深晚』

45

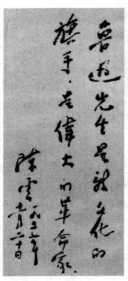

■ 陈云为上海鲁迅纪念馆题词

陈云也回头望去,见鲁迅先生和女主人还在门口目送着他们,鲁迅先生庄重而略带忧郁的神情,令陈云久久难忘。很显然,鲁迅是在为他们的安全担忧。

这是陈云第一次会见鲁迅,也是最后一次。

1936年,正在苏联列宁学院学习的陈云惊悉鲁迅先生病逝的不幸消息时,鲁迅先生身着灰布棉袍、庄重而略带忧郁的形象立刻浮现在他的脑海里。他久久不能平静,于是,提笔记叙了与鲁迅先生会面的那个不寻常的夜晚。文章以《一个深晚》为题,以史平为笔名,发表在中国共产党在巴黎主办的《救国时报》上,表达了陈云对鲁迅先生深切的怀念之情,文中写道:

"鲁迅虽然死了,但鲁迅的思想却深印在中国百万青年的脑子里。鲁迅的'坚决、不妥协的反抗'的精神,永远遗留在我们中国青年的思想里,将领着他们走上解放中国民族与解放劳苦大众的光明大道。鲁迅虽死,鲁迅的精神不死。"

一份劳动合同

　　1995 年 4 月 10 日,陈云永远离开了他所深情眷恋的土地和人民。消息传出,全国人民十分悲痛。17 日,他的遗体在北京火化,就在这天,新华社播发了悼念陈云的长文《陈云同志伟大光辉的一生》,其中写道:"1933 年 1 月,陈云同志离开上海进入中央革命根据地瑞金,继续参加党中央及全国总工会的领导工作。在领导苏区工人的经济斗争中,他深入实际,依靠群众,纠正了当时发生的若干'左'的错误倾向。"

　　那么,陈云是如何领导苏区工人进行经济斗争的? 他又是怎样纠正当时发生的"左"的错误的呢? 下面,从一份劳动合同的订立过程中,我们便会找到答案。

　　事情还得从《中华苏维埃共和国劳动法》讲起。

　　1931 年 1 月,在上海召开的中共六届四中全会上,以王明为代表的"左"倾教条主义者取得了在中共中央的领导权。同年 11 月,第一次中华苏维埃共和国工农兵代表大会在瑞金召开,通过了《宪法大纲》、《劳动法》、《土地法》等重要决议。其中《劳动法》里虽然有反对无故解雇工人、改善劳动条件、增加工人工资等这样一些维护工人利益的政策措施,但是由于王明"左"倾教条主义者盲目照抄苏联的一些做法,根本不了解中央苏区的实际情况,又不愿深入实际搞调查研究,提出了一些完全脱离中央苏区实际的条款,给革命根据地造成了极大的危害。比如《劳动法》在工作时间上规定:所有劳动者通常每日工作时间不得超过8小时;在休息时间上规定:工人每周经常须有42小时的连续休息,每年有2—4个星期的例假,例假工资照发;在工资福利方面规定,雇主除支付工人工资外,还要支付全部工资额的10%—15%作为社会保险基金,雇主还要发给工人工作服、牛乳、手电筒等劳保用品。此外还规定,由工厂出资建筑工人宿舍,无代价地分给工人及其家庭等等。

显而易见,上述规定是不切实际的。因为中央苏区的经济是以农业经济为主,工业比较落后,是建立在个体经济基础上的手工工业,根本不可能和城市的大工业同日而语。所以,《劳动法》一经实施,许多企业便不堪重负而纷纷倒闭。据史料记载,在福建长汀一地,到1932年10月,因资本家逃跑、关厂,使造纸行业部分工人失业,纺织行业中失业人数达4/5。同时,也干扰了国营企业,从而使苏区工业遭到了很大的损失和破坏。

陈云来到中央苏区后,亲眼看到王明的"左"倾劳动政策在实际生活中所造成的损失,深感焦虑。他以强烈的事业心和责任感,决心改变这种状况,引导苏区职工运动向健康方向发展。

1933年6月,陈云深入福建汀州视察。这时的南方已是酷暑季节,骄阳似火,把大地烤得好似一个蒸笼。一天,陈云顶着烈日,实地调查汀州的工商业。通过调研他了解到,中央苏区的工会虽然在过去领导工人与雇主订立了许多合同,但是很多合同的规定,都是照搬《劳动法》,千篇一律,没有地方性、时间性和企业的特殊性,合同的条文不能适合当时企业的实际情形,没有提出群众最迫切的要求,而是靠工会工作人员闭门造车"造"出来的。针对这些情况,陈云决定亲自参与汀州京果业(当地经营南北土特产的食杂店——编者注)重签合同的全过程,指导企业重新订立劳动合同。

陈云是这样做的:

首先,他找了两个工人党员,详细询问了汀州京果业的营业状况、利润，上半年订立的合同的执行情况，以及工人对订合同的意见与要求等。这样一来，就掌握了汀州京果业大量、具体的第一手材料。

其次，以党支部为中心去动员群众。陈云先后主持召开了三次京果业党支部会议，让大家畅所欲言，一方面加强党支部对工人签订合同的领导，另一方面通过群众工作巩固党的组织。譬如，陈云传达了"五一"大会对于纠正"左"倾与新起草的劳动法草案的精神，诚恳地要求与会同志"把每个细小的怀疑提出讨论"；他还组织大家对上半年所订合同的执行情况进行分析，找出不切实际的条文，提出对于工资、工作时间、星期日休息、社会保险等的具体意见。此外，在广泛听取工人群众的意见和要求的基础上，陈云领导大家选举了"五人签订合同委员会"，作为领导工人向每家店铺老板签订合同的权力机构。

最后，订立劳动合同。由于合同条文符合京果业的实际，没有超过企业的实际负担能力，又有广泛的群众基础，灵活机动，有弹性，于是劳动合同顺利签订了。

陈云领导大家签订的这份劳动合同的最大特点，就是在工资、工作时间、例假、休息、社会保险这五个问题上，既关心和保护工人的合法权益，又注意雇主的承受能力，让劳资双方都能接受。这份劳动合同深受工人的欢迎。

从汀州回来后，陈云于当年7月2日撰写了《怎样订立劳动合同》一文，详细记述了他到汀

■ 中央苏区中央局机关报《斗争》第 18 期刊登的陈云的文章

州领导工人订立劳动合同的全过程。今天,我们学习这篇文章,陈云从事经济工作的科学思想——实事求是,注重实地考察,讲究领导艺术,依然熠熠生辉,光照后人!

视察红军兵工厂

1933 年 6 月，陈云深入福建汀州搞调查研究，亲自参与汀州京果业重签劳动合同的全部过程，从而纠正了当时发生在工商企业中的"左"倾错误，促进了中央革命根据地的工商业的发展。3 个月之后，他又一次深入实际，前往我党领导和创办的第一个兵工厂——岗面红军兵工厂视察工作。

陈云为什么视察兵工厂呢？

1933 年 9 月，蒋介石在德、意、美等军事顾问参与策划下，纠集100 万兵力向我革命根据地发动第五次军事"围剿"，其中 50 万兵力用于围攻中央革命根据地。此前，蒋介石发动的第一、二、三、四次"围剿"，都被在毛泽东、朱德、周恩来英明指挥下的英勇红军彻底粉碎了。但是这次反"围剿"时，毛泽东对红军的正确领导已被以王明为代表的"左"倾分子所排挤，中央苏区红军在博古（秦邦宪）、李德（共产国际军事顾问）的错误指挥下，一开始就实行进攻中的冒险主义，提出"御敌于国门之外"、"先发制人"、"不丢失一寸土地"。9 月 28 日，敌人占领黎川，红军两攻不下，博古、李德便被优势的敌人所吓倒，转而实行防御中的保守主义。此后，红军处处陷于被动，根据地被压缩得越来越小，损失惨重，处境艰难。

陈云就是在这种形势下来到兵工厂视察的。道理明摆着，红军在战场上面临不利局面，迫切需要抓好枪炮、弹药的生产。而他作为全国总工会的负责人,对此是义不容辞的。

9月的一天,陈云等人骑马从瑞金城向西经过七堡、九堡,于次日中午到达中央苏区岗面红军兵工厂。

陈云是带着问题来视察的,他的问题主要有:工厂每月生产的各种产品的数量是多少?各种产品的质量又怎样?工厂的技术、设备与管理情况如何?党政工团协调工作怎样?工人的团结教育与生活福利怎样?供给制可否改为经济核算制?支援第五次反"围剿"能再贡献多少?不难发现,这些问题不仅涉及方方面面,而且非常具体,有针对性,其中某些问题当时很少有人研究。

陈云的工作作风一向严谨细致,深入群众,他从不高高在上,或蜻蜓点水、或浮光掠影。为了弄清楚上述所有问题,掌握全面的第一手资料,他先后找了几十个人谈话。话题由他出,一个话题谈完了,再谈另一个,从白天谈到晚上。谈话时,陈云总是聚精会神地听别人讲,讲得越细越好,他很少插话。遇到不清楚的地方,他才插话询问,直到问清楚为止。他有时也做一点笔记,记得简明扼要。当时,这几十个职工并不知道陈云的职务,只清楚他是上面来的干部,但由于陈云没有一点架子,十分热情随和,平易近人,所以大家都愿意和他谈厂里的事,一点也不感到拘束。

在视察兵工厂期间,陈云不仅找普通职工谈,也找厂领导谈。厂领导有什么困难或意见,都在个别谈话时解决了,因为他不愿给他们增加负担,让他们作专门汇报,搞接待,所以主动找上门去。陈云的这种做法与那种动辄兴师动众、搞排场的俗套形成了鲜明的对照。

除了找人谈话,陈云还参观了厂部、各个车间和科室,主要视察了枪炮科和弹药科,仔细了解他想要了解的东西。在短短的一个多星期里,陈云就是通过上述方式,不仅弄清了他来厂时思考的许多问题,而且正确地指导了该厂的工作。

陈云在工作中表现出平等、民主、不搞特殊化,在生活上同样如此。在这次视察中,因有关同志有急事要处理,午饭时间已过,陈云还没能吃到午饭。当这位同志办完事回来后,看见陈云坐在桌边,桌上只放着一盒辣椒粉,心里深感不安,连声说:"怪我疏忽,没有完全尽到责任,使你仍饿着肚子。"但陈云听后没一句怨言。过了一会儿,厂总务科炒了一盘白菜,打来了米饭,这便是陈云的午餐。

视察了岗面兵工厂后,陈云等人又前往寨上兵工机械厂视察了几天。该厂其实是岗面兵工厂的一个分厂。视察中,陈云发现职工们普遍对厂长不满意,意见很大。这主要是因为这个厂长作风不民主,甚至打人、骂人、体罚职工。职工们纷纷要求陈云及时处理这个厂长的问题。陈云与有关部门商议后,认为这个厂长有严重的军阀残余作风,妨碍了职工的生产积极性和创造性的发挥,已经成为生产的绊脚石,因此必须立即给予处理。

随后,陈云主持召开了全厂职工大会。会上,他严肃地指出了这位厂长的错误,当场宣布撤销其职务。职工们都高兴得欢呼雀跃,同时更敬佩陈云秉公办事、光明磊落的高尚行为。从此,这个厂的职工的生产积极性大大提高,产品的产量也迅速增加,有力地支援了中央苏区的第五次反"围剿"战争。

参 加 遵 义 会 议

陈云

1933 年 1 月,陈云从白区(国民党统治区)来到中央苏区首府瑞金,当时我党和红军的中央机关都设在这里。不过,他在这里仅工作了一年半时间就被迫转移了。原因是,1934 年秋中央红军在"左"倾冒险主义领导的错误指挥下,没能够粉碎蒋介石的第五次军事"围剿"。中央苏区日益缩小,部队一天天减少。为摆脱这种极其危险的处境,加之日本帝国主义这时又在向我国华北疯狂进攻,于是红军只能进行战略转移,由江西北上,到北方去开辟新的革命根据地,这就是举世闻名的长征。

1934 年 10 月 18 日,陈云随红五军团由兴国曲利出发,开始长征。

长征开始后,当时的中共中央领导人博古和军事顾问李德又犯了错误,他们在退却中实施逃跑主义的政策,并且把战略转移变成搬家式行动,致使红军行动迟缓,在敌人的围追堵截中,蒙受巨大损失。11 月,在突破敌人湘江封锁线时,中央红军即损失过半,由 8 万人减至 3 万余人。当时,陈云所在的五军团担负着掩护中央纵队和军委纵队过湘江的重任,异常艰险。战斗中,作为中央代表的陈云协助军团长董振堂、政委李卓然、参谋长刘伯承进行组织和指挥,曾经 6 天 6 夜没有睡觉,终于胜利地完成了殿后任务。

12 月,蒋介石调集 40 万大军,企图围歼渡过湘江后准备向湘西转移的中央红军。在这紧急关头,中共中央接受了毛泽东的正确主张,放弃向湘西前进的原定计划,改向敌人力量薄弱的贵州挺进。

　　1935年1月初,进入贵州的中央红军强渡贵州省最大的一条河流——乌江,占领贵州北部重镇遵义,这是红军自瑞金出发进行长征以来所经过的第一座繁华城市。9日,陈云同刘伯承率领的军委纵队进驻遵义。在这里,陈云和刘伯承分别被任命为遵义警备司令部政委和司令员,负责遵义城的防卫事务。

　　1935年1月15日至17日,中共中央在遵义召开了政治局扩

■ 遵义会议会场,墙上照片左一为陈云

大会议,这就是著名的遵义会议。这次会议是中国共产党历史上一个生死攸关的具有深远意义的转折点。

陈云作为中央政治局委员,参加了遵义会议。

会议揭发和批评了第五次反"围剿"和长征以来中共中央在军事领导上的错误,批评了博古在总结报告中为第五次反"围剿"失败进行辩护的错误观点,通过了《中央关于反对敌人五次"围剿"的总结的决议》。决议明确指出,红军第五次反"围剿"的失败以及退出苏区后遭到的严重损失,其主要原因是博古和李德在军事指挥上犯了一系列严重错误。决议肯定这些错误就是毛泽东在会上所言的进攻中的冒险主义,防御中的保守主义和转移中的逃跑主义,肯定了毛泽东等关于红军作战的基本原则。会议推选毛泽东为中央政治局常委,取消了博古、李德的最高军事指挥权,从而结束了王明"左"倾冒险主义在中共中央长达 4 年的统治,确立了以毛泽东为代表的新的中央的正确领导,在极端危险的时刻,挽救了党,挽救了红军。

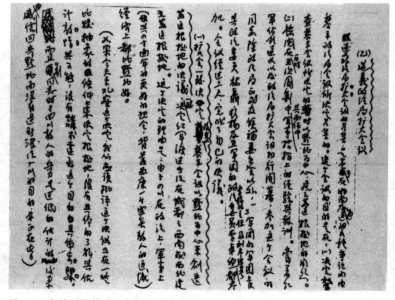

■ 1935 年陈云写的遵义会议传达提纲手稿

在会议上，陈云说话不多，但一针见血："过湘江的历史不能重演，'三人团'（博古、李德、周恩来）的领导必须改变。"他坚定地支持毛泽东的正确主张，批判了王明的"左"倾冒险主义路线，拥护毛泽东担任红军总的领导，为遵义会议的顺利举行做出了积极的贡献。

陈云对遵义会议的另一个重要贡献，是他于会议结束后不久撰写的《遵义政治局扩大会议传达提纲》，为后人留下了一份非常珍贵的历史文献。当时，戎马倥偬，战事紧张，流传下来的有关这次会议的资料很少，也不完整，乃至于都有哪些人参加了遵义会议这样的问题也说不清楚。陈云的这份提纲记录了会议的详细内容和情况，为人们解开历史谜团提供了新的可靠的依据。

陈云在这份提纲里写道：

这个会议的目的是在：（一）决定和审查黎平会议所决定的暂时以黔北为中心建立苏区根据地的问题。（二）检阅在反对五次"围剿"中与西征中军事指挥上的经验与教训。……

……扩大会一致决定改变黎平会议以黔北为中心来创造苏区根据地的决议，一致决定红军渡过长江在成都之西南或西北建立苏区根据地。

……

扩大会议认为我们没有胜利地保卫苏区来粉碎五次"围剿"，除了许多客观的而且重要的原因以外，最主要是由于我们在军事指挥、战略战术上的基本错误。

陈云的这份提纲进一步分析道：

这种错误的军事上的指挥，是经过了一个很长时间的。在这一时

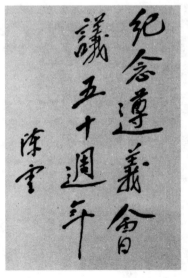

■ 陈云为纪念遵义会议 50 周年题词

期中,党内军委内不是没有争论的,毛张王(毛泽东、张闻天、王稼祥——编者注)曾经提出过许多意见,就是恩来同志也曾有些个别战役上的不同意见,但是没有胜利的克服这种错误。至于各军团——尤其是一、三军团的首长不知有多少次的建议和电报,以及每个战役的"战斗详报",提出他们的作战意见,可惜完全没有被采纳。

陈云的这份《传达提纲》是弥足珍贵的历史见证!

指挥渡江

这里的江，是指云南省境内的金沙江。

金沙江因江底盛产金沙而得名，它发源于青海省，是长江上游的一个支流。江的两岸皆为崇山峻岭，悬崖峭壁，地形十分险要，名闻天下的虎跳峡就坐落在金沙江上。除仅有的一两个渡口外，面对湍急的江水，人们只有望江兴叹，徒叹天堑。

遵义会议后，中央红军在毛泽东、周恩来、王稼祥三人小组的指挥下，采取灵活机动的大规模运动战的方针，与数十万围追堵截的敌军巧妙地展开了周旋。1935年1月19日，红军由遵义北上，先是一渡贵州省北部的赤水河，进入四川省南部。2月中下旬，又挥师东进，再渡赤水河，重占遵义城，歼敌两个师又八个团。3月中旬，红军三渡赤水，再次入川。随后，又出敌不意地四渡赤水，南渡乌江，佯攻贵阳，调虎离山，乘云南敌军增援贵阳之际，又直插云南，兵临昆明，搞得敌人固守城池。然后红军又突然放下昆明，掉头向西北方向急行军，于4月底飞驰金沙江畔。

在四渡赤水的战役中，陈云按照毛泽东、朱德、周恩来的指示，负责安置伤员和处理军委纵队笨重物资的工作。当时的情况是，重伤员既无法随军行动，又不能丢在阵地上不管，必须把他们从前线一个一个抬下来，妥善安置；部队的笨重物资，如X光机、修理枪支的机器等必须彻底扔掉，才能轻装前进。

■ 担任渡河司令部政委时的陈云

为做好工作,完成任务,陈云亲自到前线指挥,他命令有关同志:集中卫生、运输部门的担架,赶赴火线抢运伤员,然后安置在附近的老乡家里,付以必要的治伤费用;另一方面,把部队所有的笨重物资除必需的通讯设备外,就地销毁并投入赤水河,不让敌人利用。经过10个小时的连续作战,他们便全部完成了任务。

鉴于陈云出色的组织指挥才能和在战士们中间的崇高威信,在金沙江畔,党中央和毛主席即任命他为渡河司令部政委,与毛泽东、朱德、周恩来和司令员刘伯承一道指挥三军过江。

这时,红军要安全顺利地渡过金沙江是很困难的。一方面,金沙江本来就不好过;另一方面,蒋介石已调重兵在江岸的几百里防线上驻扎,并且控制了所有渡口和船只。这样一来,红军就只有拼死一搏了。

1935年5月3日深夜,由刘伯承、宋任穷率领的干部团,抢占了皎平渡口,缴获了两条大船,偷渡成功。然后,他们又收缴了五条船,大船一次可坐30多人,小船可坐10余人。从此开始,红军抢渡金沙江的序幕拉开了。

在渡江司令部,陈云和周恩来昼夜轮流具体指挥七条木船摆渡,他沉着、冷静、机智、果敢的指挥风度,给人们留下了深刻的印象。当年担任陈云卫生员的陈文陶目睹了这一情景,他回忆说:

"为使三军顺利过江,陈云同志根据船少人多的情况,非常细致地以分秒计算时间,同时作了战略部署:为了保证部队过江,五军团一部利用乌蒙山天险阻击尾追之敌人。……经过激战,打退了敌人多次进攻。……另一方面,渡江在紧张地进行着。渡江

■ 陈云为红军渡江纪念碑题写的碑文

指挥部需要计算每小时、每一天可以渡江多少人,谁先过,谁后过,一点也不能乱。陈云同志对每一趟渡船来回需要多少时间都计算得非常准确,渡江工作有条不紊。他还具体安排船夫吃好,休息好,歇人不歇船。"

　　说到船夫,还有一个小花絮,从中也能看出陈云的工作真是做到了家。显而易见,渡江不单需要船,也需要船夫。在旧社会,这些船夫虽然都是穷苦人,但是都吸毒成瘾,若离开了鸦片烟便什么事也干不了。对此,陈云下令,对船夫原来支起的烟锅不能动,把从国民党军队那里缴获的鸦片烟发给这些船夫。再多弄一点白酒来,满足供给。同时,对这些船夫进行说服教育,动员他们好好干,不得怠工。在陈云严密的组织下,这些船夫十分卖力气,很好地配合部队渡江。

　　从5月1日至9日,中央红军主力和中央机关共3万人,昼夜不停,用了9天9夜的时间,全都顺利地渡过金沙江。两天后,敌军大队人马赶到金沙江岸边时,红军已到达会理。从此,中央红军跳出了几十万敌人围追堵截的包围圈,取得了长征中具有决定意义的重大胜利。

　　陈云是指挥红军抢渡金沙江的有功之臣,但多少年以来他很少向人谈起过自己在其中所发挥的重要作用,他把这一切都归功于红军铁的纪律,还有那些辛苦的船夫以及已经牺牲了的战友们。他这种不居功自傲,谦虚谨慎的高尚品德,永远值得我们一代一代的人去努力学习。

不辱使命

红军巧渡金沙江,跳出了敌军的包围圈,陈云是立了大功的。但陈云不居功自傲,把功劳归因于红军的优良作风,使他在红军指战员中的威信更高了,几乎人人都知道他,就连毛泽东也非常尊重和佩服他。

过金沙江后,红军继续北上,先是顺利通过大凉山彝族地区,然后于 5 月 29 日飞夺泸定桥,渡过天险大渡河,彻底粉碎了蒋介石妄想让红军做石达开第二的神话,在 31 日抵达一个名叫泸定县的地方。

可是,此后一段时间,红军战士们突然看不到陈云忙碌的身影了。他们都好奇地猜测着:有的说陈云牺牲了,更多的人说陈云失踪了。那么,陈云到底出了什么事呢?

原来,部队到达泸定县的当晚,党中央在县城附近召开了中央负责人会议,陈云也出席了。会议决定:中央红军向北走雪山草地,避开人烟稠密地区;陈云去上海恢复白区党组织,并取道上海去莫斯科,向共产国际报告中国共产党、红军及遵义会议情况。

这是党中央交给陈云的一项崭新而又极其艰巨的任务。此时,蒋介石消灭红军之心仍然不死,他亲自坐镇成都调遣指挥各路人马"围剿"红军,于是四川省境内到处遍布军警宪兵,杀气腾腾。而陈云要圆满完成任务,不辱使命,非得走出这些区域不可。为安全起见,党中央采取了极为严密的保密措施,除陈云外,仅有两三个核心领导人知道详情。

陈云是一个组织纪律观念极强的人,为严守党的机密,他对在长征队伍中的亲人都不曾透露过自己的庄严使命。临行前,他把自己随身携带的全部机要文件交给组织处理,把一顶蚊帐送给了好友张闻天,同时委托张闻天的爱人刘英把一条毛毯和几件衣服转交给自己的亲人。

1935年6月7日,红军攻占了四川省天全县。在天全县的灵关殿镇,陈云悄悄离开了长征队伍,前往上海。

天空阴沉沉的,毛毛雨下个不停,路上行人稀少。化装成小学老师的陈云和掩护他出川的地下党员席懋昭,冒雨走在泥泞的田间小路上。为避开"围剿"红军的敌人,他们专走小路和山路。第

■ 四川省天全县灵关殿镇

二天,他们到达荥经。

到荥经后,陈云又扮作为国民党军队购置器材的商人,与席懋昭一道继续赶路。一路上,他们星夜兼程,风餐露宿。由于陈云长期在白区工作,富有地下斗争的经验,加上席懋昭是本地人,熟悉沿路的情况,机智勇敢,他俩一次又一次地通过了敌人设立的路卡,五六天后,顺利地经雅安到达成都。

成都是四川的省会,敌人在这里控制得更加严密,到处都是岗哨和特务,载着宪兵的警车不断地在街头呼啸而过,稍有不慎就会落入敌手。有刘伯承好友胡公著先生的帮助,他们又胆大心细,在成都住了一宿,平安无事。离开成都前,陈云托人在《新新新闻》上登载了一则《廖家骏启事》,云:"家骏此次来省,路上遗失牙质图章一个,文为廖家骏印,特此登报,声明作废。"这是陈云事先同周恩来约定好的向党中央发回的暗号。

陈云和席懋昭继续赶路,下一站是重庆。这回,陈云的身份仍是商人,他们有时坐汽车,有时步行。到重庆后,陈云拿着刘伯承的亲笔信几经周折才找到了刘的弟弟,并在他家小憩几日,这才告别了席懋昭,登上了开往上海的客轮,终于历尽艰险地走出了川界。

走出龙潭,又入虎穴。到上海后,由于党组织早就被敌人破坏殆尽,无法按正常渠道接头,因此陈云只好先去找老朋友章乃器。

通过章乃器,陈云很快见到了地下党员章秋阳,然后又通过章秋阳找到了上海临时中央局的浦化人等同志,了解到了上海党组织的近况,讨论了恢复上海地下党组织的行动计划。另外,陈云还通过潘渭年告诉在香港的潘汉年立即来沪。潘汉年亦是奉中央之命来上海恢复党组织的。可是,1935年7月22日,上海临时中央局和中共江苏省委又遭到了敌人的破坏,浦化人等同志不幸被捕。24日,共青团中央局也遭破坏。上海的形势一下子变得更加紧张。

在这种情况下,陈云又通过章秋阳和瞿秋白的夫人杨之华和何叔衡的女儿何实嗣接上了头。然后,又通过他们与共产国际驻上海联络员取得了联系。远在苏联莫斯科的中共驻共产国际代表团了解到上海党组织面临的险恶形势后,遂决定让陈云及在上海的其他重要领导人迅即离开险境来莫斯科。

大约在9月上旬,陈云和陈潭秋、杨之华等人在宋庆龄的巧妙安排下,乘坐苏联客轮到海参崴,又换乘火车于9月下旬抵达莫斯科。

在莫斯科,陈云与出席共产国际七大的中共代表团成员受到斯大林的接见。随后,他参加了青年共产国际第六次代表大会。不久,陈云代表中共中央重新接上了与共产国际的关系。他向共产国际领导人详细汇报了红军长征及遵义会议的情况,尤其是毛泽东在党内和红军中的地位和作用。后来事实的发展证明,陈云不仅出色地完成了党中央交给他的特殊使命,而且对于共产国际明确表态支持毛泽东在中共党内的领袖地位,起到了关键的作用。

此后一段时间,陈云在莫斯科参加了中共驻共产国际代表团的工作,任监察委员会委员。以后又进入列宁学校学习,在东方大学"八分校"任教,撰写了许多颇具真知灼见的文章。

第一个宣传长征的人

陈云历尽艰险由上海抵达莫斯科，向共产国际汇报了中共中央和中央红军长征及遵义会议的详细情况，圆满地完成了党中央交给的神圣使命，争取到了共产国际的了解与支持。但是陈云并不就此满足，他想得更多更远，他要让全世界都知道中国革命的实际情况和红军长征的真相，让世界各国人民都了解只有中国共产党领导下的工农红军才是民族解放的坚强脊梁。正是在这种意念的驱使下，他利用在莫斯科工作和学习的优越条件，撰写了《随军西行见闻录》。

这篇文章写于 1935 年秋，1936 年 3 月首先在法国中国共产党主办的巴黎《全民月刊》上连载。随后在苏联和中国出版单行本。在文章里，陈云化名"廉臣"，把自己在长征中的经历与一些被俘虏的国民党军队的医生、士兵、军官的具体情况巧妙地融会在一起，借助一名被红军俘虏的国民党军医的口吻讲述出来。这样做的目的，一是可以更好地起到宣传作用，二是有利于在国统区流传。此书曾先后以《从东南到西北》、《长征两面写》等书名出版，并在国统区广泛流传。

《随军西行见闻录》十分生动地记述了中央红军从 1934 年 10 月中旬起，到 1935 年 6 月陈云离开长征队伍止这 8 个月间的种种传奇故事：转战 1.2 万里，途经江西、湖南、广东、广西、贵州、四川、云南、西康等 8 个省，突破敌人四道封锁线，强渡乌江，占领遵义，四渡赤水，巧渡金沙江，通过彝族区，飞夺泸定桥，渡过天险大渡河。陈云描述的都是活生生的具体事例，从中人们可以看到红军并非是被蒋介石诬蔑的"赤匪"，"逃窜"的"流寇"，而是一支有着严明军纪、坚定信念、英勇善战的坚强部队。

长期以来，红军的领袖人物毛泽东和朱德，被国民党的宣传机器描绘得"凶暴异常"，是一股"祸水"，不通人性，不可理喻。这种造谣诬蔑不知蒙骗了多少人。陈云在文章里以细腻的手法和铁的事实进行了有力的驳斥，他写道：

"毛泽东似乎一介书生，常衣灰布学生装，暇时手执唐诗，极善词令"，待人"招待极谦"；"朱德则一望而知为武人，年将五十，身衣灰布军装"，"人亦和气，且言谈间毫无傲慢"。毛泽东、朱德"非但是人才，而且为不可多得之天才"，且有"周恩来之勇敢、毅力之办事精神"。红军领袖如毛泽东、朱德、周恩来、林伯渠、徐特立等，"均系极有政治头脑的政治家"。

红军第五次反"围剿"失败后，蒋介石便向国内外媒体大肆吹嘘他的"剿匪"功绩，说什么红军已完全"溃败"，仅剩下极少数人在"逃窜"。陈云在文章里反戈一击，特向世人说明红军没有也不可能被打败，因为它不仅有力量，而且深得人心。文中写道：

"即如赤军入湘南时，资兴、郴州、宜章一带，为昔年毛朱久经活动之区域，居民受共党之宣传甚深，故见赤军此次复来，沿途烧茶送水，招待赤军。我在行军时见每过一村一镇，男女老幼立于路旁，观者如堵。"

"国民革命军北伐时，各处民众响应，北伐军势如破竹，正如王者之师。自国共分裂以后，像北伐时民众响应之事，已销声匿迹。反之，全国人心，大都失望。共党分子如此埋头苦干，而返视国民党员，则徒争名利，何曾见一个在东三省日本势力下埋头苦干的人！我深感共党自有其社会上根深蒂固之潜势力，剿共与消灭共党决难成功也。"

1931年"九一八事变"后，民族矛盾变得更为尖锐。国难当头，一致对外乃是当务之急。可蒋介石却叫嚣"攘外必先安内"，违背民意，倒行逆施。陈云在文章里从中华民族生死存亡的高度宣传了中国共产党的国共合作抗日的立场，表明了中国共产党人诚挚的爱国情怀：

"我以为当今局势，如再继续内战与剿共，非但不能救国，而且适足以误国。政府当局应该改变计划，协同赤军以共御外侮。

"……今在国家一发千钧之时，内战则死、对外则生的时候，只要两方开诚布公，何愁不能合作以对外。而且赤军领袖及共党均有过联合全国兵力一致抗日的主张。我并闻友人传说，共党中央及苏维埃政府主张合全国兵力组织国防政府及抗日联军。我以为政府之对内对外政策之迅速改变，此其时矣！我辈小百姓唯一的目的，是在不使中国之亡于日本，不做亡国奴而已。我总觉得无论如何，赤军总是中国人，总是自己的同胞，放任外敌侵凌，而专打自己同胞，无疑是自杀政策。以中国地大物博、人口亦多，如果停止自杀，而共同杀敌，则不仅日本不足惧，我中华民族亦将从此复兴矣！"

陈云这篇文章首先在巴黎发表，旋即被国内外报刊纷纷转载，并出版单行本，广为流传，深受人们欢迎。新中国成立以后，它更成了人们研究和宣传长征的重要依据。有趣的是，很少有人知道作者廉臣就是中共的著名领导人陈云。一直到1985年1月纪念遵义会议50周年的时候，《红旗》杂志第一次以陈云的名字刊登他于1935年撰写的《随军西行见闻录》，这一谜底才向公众揭开。

以往人们都认为著名美国记者斯诺先生撰写的《西行漫记》首次向世界报道了长征，事实上不是。因为斯诺于1936年7月到陕北采访毛泽东时，陈云的这篇文章早就公之于众了。陈云才是宣传长征的第一个人。

创建"新兵营"

1937 年 4 月陈云从苏联回国到达迪化(今乌鲁木齐),他是遵照中共驻共产国际代表团的指示来接应中国工农红军西路军的。

为什么陈云千里迢迢地去接应西路军呢?

原来,陈云在莫斯科工作、学习的一年半时间里,国内形势发生了很大变化。中央红军在毛泽东的英明领导下,爬雪山,过草地,战胜了张国焘的分裂主义,克服了无数艰难险阻,终于在 1936 年 10 月与红二、四方面军会师于甘肃会宁,胜利地结束了长征,实现了战略转移。此后不久,为了扩大抗日根据地,粉碎蒋介石所谓"通渭会战"的战略企图,1936 年 10 月下旬,红军两万余人先后从甘肃靖远县西渡黄河,组成西路军,徐向前任总指挥,陈昌浩任军政委员会主席。

西路军组成后,向甘肃北部挺进。到 1937 年 3 月,董振堂等绝大多数红军将士先后牺牲。幸存下来的分两路继续艰苦转战。一路在祁连山地区进行了一段游击战争,部分官兵后来陆续回到延安。另一路由李先念等率领的 400 余人进入新疆。陈云奉命去新疆,就是营救这部分西路军的。

1937 年 5 月 1 日,陈云、滕代远等人乘坐新疆边防督办盛世才派的汽车,带着大批生活用品和枪支弹药,急速赶往甘肃和新疆交

70

■ 全面抗战初期的陈云

界处的星星峡地区。当陈云、滕代远等人到达星星峡,与历尽磨难的部分西路军指战员相见时,大家都热泪滚滚,百感交集。陈云看着一个个衣衫褴褛、面黄肌瘦的战友,心里像刀割一样难受。但他很快就冷静了下来,因为对他来说,当务之急是尽快妥善安顿好战友,保护好这些革命的种子。

5月7日,陈云、滕代远等率领这些指战员返回迪化,先是住在一个工厂的职工宿舍里,两个多月后,迁移到东门外盛世才部队的营房里。在这里,陈云、滕代远和李先念、李卓然等研究决定,把这部分西路军共400余人进行整编,撤销原来的部队建制,改名为西路军总支队,设政治处、总务科,下编四个大队,每大队编三个排,每排编三个班,每班10人左右。对外则名为"新兵营",陈云任"新兵营"党代表。

"新兵营"组建伊始,陈云首先从关心指战员的身体状况入手开展工作。因为好的身体是革命的本钱。当时不少人的身体都十分虚弱,有的人身上还有伤。为了尽快让大家恢复强健的体魄,陈云让战士们进行了体检,身上有伤的抓紧治疗。与此同时,陈云安排后勤部门改善伙食,加强营养,让战士们吃好休息好。

在生活方面作了细致入微的安排后,作为党代表的陈云加强了对部队的思想政治教育工作。思想政治工作是中国共产党区别于其他一切政党的显著特点和政治优势,是一切工作的生命线,对此陈云是熟知的,所以他也非常关心。他首先在战士们中间进行抗日民族统一战线政策的教育,消除了部队中普遍存在的对国民党军队的仇恨情绪。其次针对张国焘的错误路线在四方面军中所造成的恶劣影响,陈云深入到战士们中间,做了大量耐心细致的思想工作。鉴于一些指战员还未彻底认清张国焘的反革命面目,陈云经常在早晚找人谈话,仔细了解每个人的思想实际,有针对性地进行个别疏导,以提高他们辨别是非的能力。陈云的这种做法很快收到了实效,战士们的精神面貌大为改观,又恢复了往日的活力。

对于一个革命战士来说，强健的体魄和良好的精神风貌是十分重要的，但仅有这些是远远不够的，还需要有头脑有知识，这样才会如虎添翼，无往而不胜。于是，陈云向全体指战员发出了"向文化进军"的号召，要求大家抓紧一切时间学习军事技术、政治理论、科学文化，把"新兵营"建设成为一所培养红军人才的学校。为使这项工作收到实效，陈云殚精竭

■ 乌鲁木齐"新兵营"旧址

虑，进行了周到细致的安排。战士们用的教材是陈云想方设法筹集经费购买的中小学课本，其中语文课本中的一些内容因不适合教学需要，陈云便亲自从别处摘选然后再油印出来发给战士们使用。在教师方面，本着能者为师的原则，主要是从"新兵营"中挑选有文化的同志兼任。陈云尽管工作异常繁忙，也经常以普通教员的身份给学员们上政治课，主讲国际国内形势、中国抗日民族统一战线的政策和策略、联共（布）党史、马列主义基本问题等内容，很受学员们的欢迎。在教学方法上，陈云根据战士们文化水平的具体情况因材施教，量力而行，不急于求成、求快。在他的精心组织下，加上老师和学员的共同努力，许多战士经过学习，大都掌握了两三千个字，能记笔记、看报，还学会了四则运算及百分数。

在领导战士们学习了基本的文化知识后，陈云更进一步要求大家学习军事技术。他认为，要打败日寇，固然要发动全民抗战，但也要改善武器装备。不能只靠步枪、刺刀，也需要飞机、大炮、汽

车、装甲车。现在没有这些装备,以后肯定会有,等有了再去学就晚了。陈云的考虑是很长远的,他不是只考虑"新兵营"的建设,而是高瞻远瞩,从整个人民军队的长远大计来思考问题的。

在陈云的积极争取和鼓励下,战士们意气风发,满怀信心,掀起了学习军事技术的热潮。有的学驾驶汽车和装甲车,有的学火炮技术,还有的学无线电和医术。一时间,"新兵营"俨然成了我军第一所多兵种的军事技术学校。尽管在学习军事技术的道路上困难重重,但战士们都非常用功。后来,参加学习的许多同志都成为我军军事技术的宝贵人才,在我军现代化建设中发挥了重要作用。事实说明,陈云当年的考虑是极富远见的。

最后,在战士们学习了文化知识和军事技术之后,在"新兵营"的基础上,陈云建起了我军的第一支航空队,培养了一批航空战线的栋梁之才。根据航空兵技术要求高的特点,陈云在选人方面非常认真仔细,他制定的标准是:党员、年轻、身体好,有一定文化。为做到尽善尽美,他还向党中央、毛主席专门作了请示,然后从红一、二、四方面军中精心挑选了 43 名学员参加学习。经过两年的刻苦学习,红军学员们克服了许许多多的困难,都以优异的成绩毕业。其中,机械班能够维修三种机型,航空班可以完成初、中级教练机的飞行,部分学员还能飞 W-5、N-16 型战斗机。对此,周恩来曾高兴地说,陈云同志做了件很好的事,将来建设我们自己的空军,有骨干、有种子了。

事实也是如此。1946 年 6 月,这批航空技术人员返回延安后,组成了延安航空队。三年解放战争期间,这些同志在东北为培养人民空军的飞行员发挥了重要作用。1949 年 11 月,人民空军成立,其中的骨干力量还是这些同志,并在抗美援朝战场上做出了突出贡献。这一切的一切,无不凝聚着陈云的滴滴心血,人们更加敬佩他的远见卓识,赞扬他为创建人民空军所做出的基础性贡献。

陈云的座右铭

　　陈云酷爱读书,勤奋好学,同时善于思考,不尚空谈,非常注重理论联系实际,实事求是,一生如此。在 1942 年开始的延安整风期间,他从学习马克思主义哲学和总结中国革命经验教训中,提出了领导者指导工作应该采取的科学态度,这就是:"不唯上、不唯书、只唯实","交换、比较、反复"。此后,不论是在工作、学习还是生活中,陈云经常对人说这几句话,他为别人题字的时候也多次写这十五个大字,以至于久而久之,人们便把它当作了陈云的座右铭。

　　这几句话是什么意思呢? 陈云解释道:"不唯上并不是上边的话不要听,不唯书,也不是说文件、书不要读。""只唯实就是只有从实际出发实事求是地研究处理问题,这是最靠得住的。"他的意思是说,上边的话,领导的指示还是要听的,文件和书也是要读的,但一定要结合实际情况创造性地开展工作,切不可照搬照抄,生吞活剥,当留声机和收发室。看文件、读书主要是领会精神实质,要学会分析,不讲迷信,不把书本当教条。只唯实,就是实事求是,是什么就是什么,不是什么就不是什么。

　　什么是"交换、比较、反复"呢? 陈云说:所谓交换就是互相交换意见,通过相互交换意见,使我们看问题更全面一些。所谓比较,一是左右的比较,例如毛主席论持久战,比较了中国和日本的

共和国领袖故事

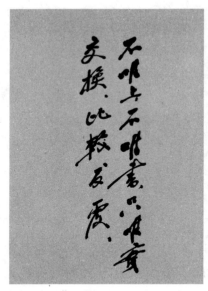

■ 陈云手迹

情况,既反对速胜论,又反对亡国论,正确的结论是持久战;二是前后的比较,例如毛主席讲统一战线,就比较了陈独秀和王明,他们或者是只团结不斗争,或者是只斗争不团结,正确的结论是既团结又斗争。所谓反复,就是事情初步定了以后还要摆一摆,想一想,听一听不同的意见。即使没有不同意见,还要自己设想出可能有的反对意见。我们反复进行研究,目的是弄清情况,把事情办好。

由此可见,陈云的座右铭,实际上是他用凝炼的语言表述出来的一种思想和认识的方法,这种方法如果用马克思主义的语言来讲,就是唯物辩证法。

陈云的这个座右铭十分有名,因为它是一个符合客观实际的科学论断,谁掌握了它谁就获得了打开真理之门的金钥匙,所以很受人们的推崇。它是陈云经过潜心学习——向书本学习,向社会实践学习,反复思考,艰苦探索后,以巨大的勇气概括出来的。在延安整风之前,中国共产党内以王明为代表的教条主义长期束缚着人们的头脑,他们把马克思主义理论教条化,把共产国际的指示和苏联的经验神圣化,根本不顾中国革命的具体情况,反对理论联系实际、实事求是,结果使中国革命蒙受巨大损失。在这里,共产国际就是"上",马列主义和苏联的经验就是"书"。另外,王明野心勃勃,在党内以"领袖"自居,搞家长制,一言堂,从不直言纳谏,无情打击那些有不同意见的人,因而根本谈不上"交换、比较、反复"。

陈云历来十分重视从实际出发进行调查研究,反对教条主义,

■ 抗日战争时期的陈云

以自己的实际行动实践着自己的座右铭。他经常说:"我们做工作要用百分之九十的时间研究情况,用不到百分之十的时间决定政策。所有正确的政策都是根据对实际情况的科学分析而来的。"比如,1939年底至1940年初,为了了解解放区基层党组织建设的情况,陈云先后找了9个乡的党支部书记谈话,每个乡的谈话记录都有一大本厚,谈话的内容很广泛,有自然环境、人口、政治、经济、文化、民兵、青年妇女工作、政权建设、民主集中制、各阶层人士思想动态等等,十分详细。经过谈话,每个乡的概况清楚了,党组织的情况也清楚了,真是一目了然。这样,就容易科学决策,对症下药,而不会瞎指挥,乱弹琴。再比如,建国初期,陈云主管全国财经工作,当时猪肉供应异常紧张,影响经济发展,必须善筹良策。为此,陈云深入调查了各方面的有关情况,反复比较研究,提出了一系列可行的办法,他说:"要解决猪肉供应紧张和猪的增产问题,若不管饲料、猪仔的来源,不管价格高低,不管群众愿意不愿意饲养,而是临时乱抓办法,那就永远也做不好这一工作。"

陈云的座右铭,意思并不难懂,但做起来却不易。陈云在和同志们讨论一个问题,决定一个问题的时候,他经常鼓励大家发表自己的意见,不论是正确的还是错误的,都可以讲。如果不这样,问题就不可能深入讨论,各种意见就不能交锋,真理就出不来。尤为可贵的是,陈云还有意识地引导其他同志批评、反驳他的意见,或者补充他原来设想的意见中不完全的部分,或者是干脆修正了他自己脑子里已经形成的意见,他从不怪罪人家。新中国建立初期,某些经济部门的个别同志没有执行陈云的正确意见,结果犯了错误。于是有人说,你这个错误就是因为不听陈云的话,反对陈云。陈云知道后却说,不能这样讲,同志嘛,是非分清就行了。这从另一个侧面反映出了陈云对待不同意见的态度。

古语云:"学而不思则罔,思而不学则殆","尽信书不如无书"。意思是说,光读书而不动脑子思考问题,最终是一无所获;相反,只冥思苦想却懒于博览群书,思考就失去了根基,变得危险起来。当个唯书是从的人,还不如不读书。陈云不是这样。他敏而好学,孜孜以求,不把书本知识当作金科玉律,尊重实际,所以才会有这个座右铭。

真理与面子

陈云

如果有人问你,你爱面子吗? 你肯定会说:爱,谁愿意丢人现眼呀。如果再问:你爱真理吗? 你也会说:爱,人世间若不存在真理,就像万物离开了太阳,漆黑一团,声息全无,岂有不爱之理!

是的,作为万物之尊的人来说,追求真理、喜爱面子皆出自本性。俗话说:人有脸,树有皮。不讲脸面的人就是不知羞耻。古希腊哲人苏格拉底则说:"吾爱吾师,吾更爱真理。"在他眼里真理是至高无上的,无可与之匹敌。

可是,现实生活总是纷繁复杂的,许多事情往往是说起来容易做起来难,看似简单实则不简单。比如在真理与面子发生矛盾,互相撞车的时候,你到底要哪一个呢?

下面,还是让我们看一看陈云是如何解决这个矛盾的吧。

1945 年 4 月 23 日至 6 月 11 日,中国共产党第七次全国代表大会在延安召开。5 月 9 日,陈云在大会上发言,题目就叫《要讲真理,不要讲面子》。当时,中国革命的形势非常好:前方捷报频传,抗日战争胜利在望;后方大生产运动开展得轰轰烈烈,一派祥和景象。可是,在这种得之不易的喜人形势面前,党内的一部分干部有些骄傲起来,开始患得患失,一事当前,先为自己打算,不从党和人民的利益出发来思考和处理问题。一句话,摆阔要面子了。

那时,陈云是中央组织部部长,通过长期观察,他最早发现了这一苗头，于是便有了这篇发言。

陈云在发言的一开头就一针见血地指出了"骄傲"的种种表现形式，活灵活现地为"骄傲者"们画了一幅像，他说：

"许多人喜欢人家说他好，不喜欢人家说他坏。有的人只能升官，不能降级，有功必居，有过必避。有功的时候他一定要居；有过的时候你批评他，他总是想很多道理来解释，其目的就是说明他没有过。人家说功他就舒服，说过就不舒服。"

由于这种骄傲风气不是个别现象，地方有，军队里也有，高级干部里有，中级下级干部里也有，因此陈云把它看成是一种倾向，这种倾向的实质就是个人主义，"共产主义者的思想里有个人主义的成分"。

那么，这些同志为什么会骄傲呢？对此，陈云作了分析，他说：

"骄傲并不是没有原因，是有原因的。因为他看到自己有功劳，看到这一点就骄傲起来了。如果他觉得自己毫无功劳，那还有什么可骄傲的呢？骄傲是因为觉得'兄弟有点功劳，可以骄傲'。"

难道有点功劳就该骄傲吗？不是的。古人常讲"谦受益，满招损"，就是告诫人们要谦虚谨慎，不骄不躁。可惜的是，不少人做不到这点，所以陈云在发言中振聋发聩地讲了共产党人应如何对待功劳和名誉，他说：

"假设你在党的领导下做一点工作，做得还不错，对这个功劳怎样看？我说这里有三个因素：头一个是人民的力量，第二是党的领导，第三才轮到个人。""个人的作用是有的，不过自己不要估计太大了。任何人离开了人民，离开了党，一件事也做不出来，应该这样估计。我们的功劳是哪里来的？头一件，老百姓要革命。我们是党员，在党的领导下，适合老百姓的要求，做了一点事，如此而已，一点不能骄傲。"

不仅如此，陈云认为有功不该骄傲，有过就更不该骄傲了，而要做到这点又更加困难。他说：

"人家说'老兄你错了'，是不是面孔就要红，就不高兴？有错

真理与面子

误当然不好,但只要态度正确,也不要紧。假如你有错误,人家讲了,就请教请教,问一问人家怎样看法,纠正一番,以后可以少犯错误。"

不言而喻,陈云的主张是十分正确的。不过,事到临头,不少人却只顾面子,无视事实,依然把头高高昂起,既不做自我批评,也不接受别人的批评。面对这种心态,陈云精辟地指出:

"我们要讲真理,不要讲面子。是什么就是什么,应该怎样就怎样。有的时候你愈要面子,将来就愈要丢脸。只要你不怕丢脸,撕破了面皮,诚心诚意地改正错误,那时候也许还有些面子。共产党员参加革命,丢了一切,准备牺牲性命干革命,还计较什么面子?把面子丢开,讲真理,怎样对于老百姓有利,怎样对于革命有利,就怎么办。"

日月如梭,光阴荏苒。陈云这些语重心长、通俗易懂的话语在一代又一代的共产党员的耳畔回响。60 多年过去了,现在听来依然是那么亲切,那么发人深省,犹如暮鼓晨钟。其实,何止是共产党人,我们每一个人在工作、学习和生活中都要把心摆正,坚持真理,修正错误,切不可因面子而跌跤!

边币与法币

　　1944年3月,陈云离开了工作7年的中央组织部,调西北财经办事处任副主任兼政治部主任,主持领导陕甘宁边区的财政经济工作,这是党中央和毛泽东交给他的又一项重要任务。

　　1941年皖南事变发生,国民党的第二次反共高潮达到高峰。他们诬蔑新四军为"叛军",取消新四军番号,紧接着停发了八路军的军饷,派出50万军队封锁包围陕甘宁边区和另一些革命根据地,叫嚣"不让一粒粮、一尺布进入边区",企图断绝边区的一切外援,困死中国共产党及其领导的革命武装。

　　在这种情况下,陕甘宁边区的财政经济确实遇到了很大困难。比如物价飞涨,1942年比1941年上涨了3倍多,1943年又上涨了20多倍,从而使陕甘宁边区的货币,即边币大幅度贬值,直接影响着边区财政经济和人心的稳定。

　　"国难思良将,家贫念贤妻。"陈云是党内的理财能手,早在中央苏区时就领导过军需生产,有魄力,有经验,有政绩,口碑极佳。于是党中央和毛泽东很自然地想到了他。

　　陈云真可谓是"受命于危难之秋"。他在西北财经办事处主任贺龙的支持下,呕心沥血,日以继夜地忘我工作,在短短的9个月的时间里,以其卓越的领导才能,迅速掌握了经济专业知识,弄清了边区经济运行的复杂规律,很好地解决了边区的财政、金融、贸易等方面遇到的问题,有力地推动了边区经济的发展,没有辜负党中央和毛主席的厚望。下面,让我们从陈云处理边币和法币的关系入手,来看一看他是如何开展工作的吧。

首先,什么是边币和法币呢?

1937年7月根据国共两党达成的协议,陕甘宁革命根据地改称为陕甘宁边区,它是抗日战争时期中国共产党领导的各个革命根据地的大本营。抗战期间,陕甘宁边区发行过3种货币,边币是其中之一,它是在1941年2月由边区政府授权边区银行发行的,只在陕甘宁边区流通。

所谓法币,是在1935年11月以蒋介石、宋子文、孔祥熙和陈立夫四大家族所把持的中央、中国、交通、中国农民四大银行所发行的一种纸币,全国通用。因"皖南事变"发生,1941年1月30日陕甘宁边区政府颁布法令,禁止法币在边区流通使用。

既然早在1941年法币就不允许在边区流通使用了,那陈云为什么还去管它呢?

陈云经过深入调查研究,认真分析后发现,边区经济离不开进出口贸易,也就离不开法币。一方面,边区经济比较落后,陕北高原土地贫瘠,生产力水平低下,部队、机关、学校、农村的粮食、被服、经费、工业品等要实现全部自给,有不少困难。比如,边区最缺布匹和棉花,要满足供应,必须从外部进口,而进口就需要法币。另一方面,边区还要出口,尽可能把边区的东西运出去,换回边区所需的东西,如果光进不出,势必要打破进出口平衡,造成边币贬值。那时,陈云花费了巨大精力抓出口,历尽千辛万苦,终于用边区的盐换回了布匹和棉花。

不言而喻,现实的经济生活使陈云深深感到,法币对边币有重大影响,仅靠政治手段既不可能限制法币的作用,也不可能提高边币的力量,边币与法币的斗争主要是经济斗争,而不是政治斗争,只有管好法币,边币才能稳定有信誉。

陈云对边币与法币的比价问题作了仔细研究。他极其深刻地提出了金融不能稳定在物价上，而只能稳定在货币比价上的观点。一般说来，物价稳定是金融稳定的基本标志，怎么在这里却变成了货币的比价呢？陈云十分透彻地指出，在战时经济条件下，货币对物品的购买力处于经常的变动之中。法币的涨跌必然会导致边区外物价的涨跌。而由于主导边区内物价的商品是从边区外进口的，因此当法币跌价、边区外物价上涨时，边区内部的物价也要按相同的比例跟着上涨，这就是说边币也要按同比例下跌。

在这里，陈云使用的把金融稳定在比价上而不是稳定在物价上的办法，实质上就是用维持两种货币的币值相等的办法，使边币与法币经常保持对物品的相同的购买力，而不是通过提高边币币值的办法机械地稳定物价。事实证明，陈云的观点是十分正确的。陈云的秘书刘家栋回忆说："陈云同志还从当时多种货币并存的情况出发，要求边币对国民党的法币维持一定比例。因此，从1944年开始就维持2∶1，即两元边币兑一元法币。这种定比价的做法，对于当时的边区进出口贸易的发展，起了非常重要的作用。"

陈云不仅卓有成效地运用边币与法币的比价关系稳定边区的金融和社会稳定，而且他还利用货币比价波动的客观现象获取利益。他经常利用法币币值跌落的时机，提高出口货物价格，出口黄金，买进法币，少进货物；然后又利用法币币值上涨的时机，抛出法币、买进物资和黄金，从中赚取差价。他把错综复杂的货币比价变动规律游刃有余地运用于陕甘宁边区，创造了中国共产党金融工作上的一个奇迹。

在当时的延安，毛泽东有过一个著名的批评：讲经济学的，却不能解释边币与法币。陈云解释清了。他在西北财经办事处工作的一年半时间里，精打细算，努力学习，刻苦攻关，为边区的财政经济建设做出了出色贡献，受到了党中央和毛主席的充分肯定，也成为他终生领导党和国家的财经工作的良好开端。

"积土成山，集腋成裘。"对一个人来说，干好任何一件事都不是一朝一夕之功，"应知学问难，在乎点滴勤"。从陈云处理边币与法币的关系上，我们看出他掌握了边区金融的学问，因为他勤于思考，不是思想上的懒汉！

"丢掉汽车，脱下皮鞋"

　　1945 年 9 月 15 日，陈云与彭真、叶季壮、伍修权、段子俊、莫春和等人乘坐飞机由延安来到东北。他们是遵照党中央的指示前来建立革命根据地的。

　　当时，抗日战争已胜利结束，全国人民要求和平民主的愿望十分强烈，但蒋介石却违背民意，一方面在美国支持下调兵遣将，疯狂抢占抗战胜利果实，积极准备反革命内战，另一方面又玩弄和平阴谋，电邀毛泽东赴重庆谈判。对此，毛泽东代表中共中央明确提出了"针锋相对，寸土必争"的方针，以革命的两手对付反革命的两手，同时号召八路军、新四军以及其他一切抗日武装迅速行动起来，收缴敌伪武装，接受日本投降，收复敌伪占区，扩大解放区。由于东北的战略地位十分重要，党中央决定先在东北建立根据地，使之成为中国革命巩固的战略基地，有充足的后勤保障。

　　如何在东北建立根据地？最初，人们在这个问题上的认识还不够统一。主要问题是到底以城市为主还是以农村为主，就是说是占领大城市好呢，还是在广大的农村开辟根据地。1945 年底，毛泽东在《建立巩固的东北根据地》中明确指出"让开大路，占领两厢"，及时地提出了把东北的工作重心放在距离国民党占领中心较远的城市和广大乡村，以便认真发动群众，建立巩固的军事政治的根据地，逐步积蓄力量，最终打破蒋介石妄想独占东北的美梦。

88

■ 解放战争时期的陈云

陈云坚决执行了党中央和毛泽东的正确指示。早在1945年11月30日，他在起草东北局并转党中央的一份题为《对满洲工作的几点意见》的电报中就提出，当前在满洲工作的基本方针，应该是把武装力量及干部分散到广大乡村、中小城市及铁路支线的战略地区，放手发动群众，扩大部队，改造政权，建立沈阳、长春、哈尔滨三大城市外围及长春铁路干线两旁广大的巩固的根据地。这一正确主张，得到了党中央和毛泽东的充分肯定。12月，陈云冒着奇寒，风尘仆仆地奔走于宾县、通河、方正、木兰等地，进行实地调查研究，领导创建北满根据地。他兢兢业业地开展工作，剿除土匪，摧毁敌伪势力，建立地方民主政府，发展壮大革命武装，发动农民，实行减租减息，分配日伪土地。到1946年7月，我党在东北的第一个比较巩固的后方基地——北满革命根据地建立，从而为我党在东北站稳脚跟提供了重要的条件。

尽管如此，在东北广大地区，发动农民群众的工作尚处于开始阶段，许多农村根据地也不巩固。另外，在党的干部队伍中，仍有不少人不愿让出大城市，对深入农村从事长期艰苦斗争以建立根据地的必要性和重要性认识不足，幻想侥幸取得和平。为了总结一年来东北根据地建设的经验，统一东北党内干部在城市和乡村、战与和的问题上的认识，东北局于1946年7月3日至11日在哈尔滨召开了扩大会议。

陈云在这次会议上起了很重要的作用，7月7日，会议通过的《关于形势与任务的决议》（又称"七七决议"）就是由他起草的。这份决议全面分析了国内外的形势，深刻总结了党在东北工作的经验教训，统一了大家的认识，重点强调坚持党中央关于建立巩固东北根据地的方针。决议上报中央后，很快得到毛泽东的肯定。

为克服党内在和、战问题上的混乱思想，准备以长期艰苦斗争取得和平，陈云在"七七决议"中写道：

"一切游移不定及侥幸取得和平的想法，都应扫除干净。在这个一心一意以长期艰苦斗争去取得和平的总方针下，我们的方法，

■ 1946年,陈云出席中共中央东北局、东北民主联军总部在哈尔滨举行的高级干部会议。左四为陈云

就是从战争,从群众工作,从解决土地问题改善人民生活,从其他一切努力,去增加革命力量,减少反动力量,使双方力量对比发生于我有利的变化。其中最重要的是充分发动群众,使我党与人民密切结合起来,只要广大人民的力量增加到我们方面,就会使敌我力量发生于我有利的变化,从而建立巩固的根据地,使敌人无法战胜我们。"

关于城市与农村问题,陈云在决议中辩证地分析道:

"大城市是我们所需要的,但大城市暂时一般不易确保,如果偏重大城市,轻视建立根据地,我们将有既无大城市又无根据地的危险。因此,必须规定,无论目前或今后一个时期内,创造根据地是我们工作的第一位。这种规定不能解释为不要大城市,轻易放弃大城市,或者可以破坏大城市,相反地,不论我军已占或未占的大城市,都须依照不同情况进行工作。而且,建立根据地,正是便利争取大城市。我们所要创造的根据地,是包括中小城市和次要铁路在内的,但必须认识,创造根据地的主要内容是发动农民群众。因此,强调城市轻视农村的方法,是与事实和要求不相符的,必须加以肃清。"

既然这样，陈云认为要造成干部下乡的热潮。他在决议中尖锐地批评了许多到达东北的干部迷恋城市生活，缺乏下乡决心，缺乏群众观点，享乐腐化厌战的不良倾向，并指出这种不良倾向是"党内最危险的现象"。同时，为克服这种不良倾向，陈云殷切希望："目前应在干部中反复说明东北斗争形势，使干部认识东北斗争的尖锐性和长期性，认识能否发动农民是东北斗争成败的关键，农民不起来，我们在东北有失败的可能。强调共产党员为人民服务的责任，号召他们走出城市，丢掉汽车，脱下皮鞋，换上农民衣服，不分文武，不分男女，不分资格，一切可能下乡的干部要统统到农村中去，并确定以能否深入农民群众为考察共产党员品格的尺度。"

此后，"七七决议"在东北迅速贯彻实施，干部纷纷下乡，从而使建设根据地的工作大踏步前进。陈云更是身体力行，率先垂范，他自告奋勇去南满创建根据地，同萧劲光等人一起指挥南满部队"四保临江"，为东北民主联军转入攻势作战创造了有利条件。

"丢掉汽车，脱下皮鞋"

"四保临江"

　　解放战争时期,在东北战场上,有一名为"四保临江"的著名战役,它是我东北民主联军南满部队在吉林省临江地区连续进行的四次保卫战。这个战役是由中共中央南满分局(又称辽东分局)书记兼辽东军区政委陈云和辽东军区司令员萧劲光共同指挥的,而"陈云同志始终是决策者"。

　　1946 年 10 月,国民党对东北采取"南攻北守、先南后北"的战略,调集重兵进攻南满解放区。在此危难时刻,陈云奉党中央和东北局之命,从哈尔滨来到南满。陈云来到后,针对当时部分干部包括个别领导干部对坚持南满根据地缺乏信心、希望向北满转移的情绪,他和萧劲光一起在半个多月的时间里分头召开座谈会,和主要干部逐个谈话,进行深入的调查研究,详细分析敌我双方的有利条件和不利条件,最终统一了认识,提出了坚持南满斗争的正确的战略主张。陈云信心百倍地说:"我们不走了,都留在南满,一个人也不走! 留下来打,要在长白山上打红旗,摇旗呐喊!"

　　就这样,四保临江战役开始了。

　　1946 年 12 月 17 日,敌人纠集 5 个师的兵力,在国民党军东北保安副司令长官郑洞国的指挥下,由西而东向我临江地区发起首次进攻,企图第一步打通通(化)辑(安)线,然后将南满我军消灭或困死在长白山中。

陈云和萧劲光针对敌人已紧缩靠拢,临江地区正面狭窄不利于机动作战的情况,决定:采取内外线密切配合的作战方法,坚决打破敌人的进攻计划。具体部署是:我主力第四纵队跳出敌人的封锁圈,像一把锋利的钢刀,出其不意地直插敌后,在地方武装配合下,开辟敌后战场,实施外线作战;主力第三纵队担任内线作战,在临(江)通(化)公路两侧,从正面实施运动防御,抗击敌人进攻。按照这一部署,12月18日,第四纵队从通化南北地区轻装出发,冒着风雪严寒,转战十余日,横扫200里,先后攻克碱厂、平顶山、田师付等20余处的敌人据点,歼敌3 000余人,威逼沈阳。与此同时,第三纵队乘机向通(化)辑(安)线展开反击,连克热水河子、东家子、青沟子等地,歼敌1 000余人。由于内外线紧密配合作战,仅用一个多月,我军便粉碎了敌人第一次向临江地区的进攻。

　　1947年1月30日,敌人以4个师的兵力二次进攻临江。当其第195师进至通化以北的高丽城子地区时,我第三纵队和第四纵队一部,于2月5日拂晓从东南、西北、东北三面发起猛攻,激战1

■ 1947年陈云同萧劲光在临江

天,到了晚上,敌人被迫向通化方向突围,结果被歼 2 000 余人。6
日黄昏,敌第 207 师一个团赶来增援敌 195 师,我第四纵队主力当
即将其包围,于 8 日全歼该敌。至此,敌人又以失败告终。

敌人两次进攻临江失败后并不死心,1947 年 2 月 13 日,国
民党军东北保安司令长官杜聿明亲自出马,指挥 5 个师分 4 路
对临江地区发起第三次进攻。陈云、萧劲光等人在认真分析敌
情后决定:先打敌侧翼的暂 21 师,争取打胜;然后再打敌 91 师
主力,先拦腰切断打其侧后,乘胜向柳河、金川发展,然后视我
北满部队作战情况,再扩张战果。18 日,我第三纵队主力全歼
通沟敌暂 21 师两个主力团。21 日,又向高丽城子的敌 91 师和
2 师发起猛攻。战斗结果,全歼敌 91 师 272 团及直属工兵营、
特务营,歼敌 2 师 6 团 3 营。22 日,我北满部队两下江南(松花
江)作战,消灭敌一部分有生力量。27 日,南满我军继续在宽
桓、通辑地区积极捕捉战机,打击敌人有生力量。3 月 7 日,我
北满部队三下江南作战,迫使敌人退回长春路。在我南北部队
的紧密配合下,敌人狼奔豕突,处处被动挨打。经过一个多月
的艰苦作战,我南满部队收复金川、辉南、柳河、桓仁、辑安 5 座
县城,敌人 5 个师被我打垮 3 个,毙、伤、俘敌近万人,杜聿明险
被活捉,彻底打退了敌人的第三次进攻。

三保临江胜利后,敌人逐渐转入被动,战争实践证明陈云坚持
南满的方针是正确的,部队内部更加团结了,士气更加高涨了,但
形势还未根本改变,敌人还有可能再次进攻。于是陈云积极做部
队的思想工作,克服麻痹情绪,还努力开展地方工作,发动群众支
援部队,做到有备无患。

敌人第三次进攻临江失败后仍不死心,企图趁松花江解冻,我
北满部队不易南下的时机,又拼凑 7 个师计 10 万的兵力,第四次
进攻临江。这次进攻要比前三次更为凶猛,规模更大。从敌我力
量对比看,形势对我十分不利,因为我军仅有 4 个主力师计两万多
人,这样,在一部分干部中产生了打不打的问题。在这关键时刻,

陈云当机立断，统一了全军的思想。他在临江主持召开辽东分局和军区干部会议，会上，陈云分析了当时的形势，重申了坚持南满根据地的方针。他说，要有充分的精神准备打大仗，打硬仗，打恶仗，决不能动摇。即使我们付出四分之三或五分之四的代价，但只要打胜这一仗，把敌人主力牵制在南满，就有利于北满和东北全局。这一局部服从全局的道理，说服并动员了全体指战员，所有指战员都斗志昂扬，英勇顽强地进入战斗。4 月 3 日，当势力较弱的敌中路集团第 89 师 162 团气焰嚣张地行进至歪头砬子、李家油房一线时，我军突然发起猛攻。敌惊慌失措，溃不成军。我军趁敌人混乱之际，紧缩包围圈，激战 10 小时，将其全歼。左、右两路敌军闻讯后，恐慌异常，无心恋战，纷纷回窜。到 4 月 10 日，敌第四次进攻临江的计划又被粉碎。

四保临江是关系东北战场全局的关键。这一战役的胜利，彻底粉碎了敌人“南攻北守、先南后北”的战略企图，巩固和扩大了南满根据地，迫使东北敌军由战略进攻转入战略防御，而我军则开始由战略防御转入战略进攻。四保临江战役的胜利，还很快地迎来了夏、秋、冬季攻势的胜利，从而为后来的辽沈战役创造了有利的条件。这一战役是值得纪念的，陈云在其中发挥了重要作用。

■ 1947 年四保临江时，东北民主联军三纵九师二十五团在柳河阻击敌人

接收沈阳

陈云

1948年9月12日,我英勇的人民解放军首先在广袤的东北大地发动了著名的辽沈战役,从而揭开了同蒋介石反动派进行战略决战的序幕。由于党中央和毛泽东采取了正确的作战方针,人民解放军在东北战场上势如破竹,所向披靡,节节胜利。10月东北门户锦州解放,我军即将兵临沈阳。这时党中央电告中共中央东北局,准备接收沈阳这座东北最大的城市,让它顺利回到人民手中。

军情如火,兵贵神速。10月27日,中共中央东北局决定由陈云、伍修权、陶铸、张学思、王首道、陈郁、朱其文、刘居英、朱理治等人组成沈阳军事管制委员会,并遵照党中央指示,任命陈云为军管会主任,伍修权为副主任,陶铸为副主任、市委书记,朱其文为市长,并抽调4 000名新老干部随军管会一起前往沈阳进行接收工作。

10月28日,军管会召开动员大会,说明了接收沈阳的有关政策,规定了接收纪律,从哈尔滨乘专列南下。31日,军管会第二次会议在开原召开,经过讨论,陈云宣布了接收沈阳的方法、解决的关键问题、注意事项等。接收方法是:"各按系统,自上而下,原封不动,先接后分。"他在会上发言:"沈阳是东北最大的城市和工业中心,一定要接管好。要使生产力不受任何破坏,才能迅速恢复和

发展生产，从而有力支援全国解放战争。"会后，专列开往铁岭。

11 月 2 日，沈阳解放。陈云和军管会的其他同志一起连夜乘坐卡车，从铁岭进入市区，开始了紧张的接收工作。

为使沈阳各界了解我军的接收政策，军管会早在进城之前就准备好了广播稿、安民布告、报纸稿，一进城立即公开张贴、出报，而广播更早一点，在入城之前就开始广播，入城后更连续广播，充分起到了先声夺人的作用。当时，广播宣传的和报纸上刊登的内容都是一些基本的政策文件，沈阳市民通过听广播、看报纸和各种宣传品，情绪比较稳定，很好地配合了接收工作。

接收的政策、方法，具体实施起来是十分复杂的，但陈云用快刀斩乱麻的惊人速度，精力充沛、有条不紊地处理着种种错综复杂的难题。他要求沈阳市委及其下辖的经济、财政、后勤、铁道、政务等五个处，市政府，公安局，办公室，卫戍司令部，分别对号入座，迅速接收本系统的单位。在接收时要"原封不动",即政权部门只撤换其头目,工厂企业等只派我军代表去监管,旧职员、原有的工人继续照常上班,生活费照发。各个单位只限于接收,不能随意支配原有机关、工厂企业的设备、房产、资产、人员等,更不能占有,所有权和支配权皆属军管会。此外,陈云还规定,无证件即不准接收,接收证件统一由军管会印发,由专人负责审查盖章。由于方法对头,工作细致,接收工作进展得既快又完整。

接收工作的另一项重要内容是保护好城市。接收下来只等于夺取了政权,而巩固政权则是另一回事。如果接收下来弃之不顾,不加珍惜,那实际上等于没接收。为此,陈云首先教育入城部队和接收人员要懂得保护工厂、保护城市,要有良好的纪律。其次,尽快恢复正常的生产和生活秩序,避免混乱和大的社会波动。当时,全国的解放战争仍在进行之中,国民党反动派还在负隅顽抗,和平并未真正到来,人民的生命财产和安全依然面临着考验。在这种情况下,陈云着重抓了处理俘虏和疏散弹药这两项工作。因为沈阳属后方基地性质的大城市,国民党的后方机关系统很多,人员构成亦复杂,我方历次放出的归俘加上战败回城的散兵游勇极多,对这些人如果处置不当,将会严重影响治安秩序。于是对俘虏首先进行了收容,让他们有饭吃,有房住。次一步进行身份登记和检查,进行政治教育,最后参加"解放团"(东北解放战争时期改造被我军俘虏的国民党军士兵的机构——编者注),从而基本解决了散俘问题。

作为后方基地,沈阳市内许多工厂的仓库里存放着国民党军队遗留下来的大批弹药、武器和各种军用物资,就连火车站也有不少弹药已经装车但未及运走。沈阳解放后的头几天,这些地方都是敌机轰炸的首选目标。如果重要弹药仓库被炸,沈阳可能半城被毁。陈云迅即指示军管会后勤处、交通处组织动员很大人力,连夜疏散,避免了一场大灾难。而这批弹药又缓解了我第四野战军的弹药紧缺问题。事后,陈云还以军管会的名义嘉奖了在抢运弹药过程中立功的宋力刚等人。

要保护好沈阳这座城市,迅速恢复秩序,工作起来是千头万绪。除收容散俘、转运弹药外,陈云还解决了全市的供电问题、金融物价问题,原有职工的工资问题、收缴敌警察的枪支问题等等,哪一个处理不好都不行。如,没有电,电灯不亮,电话不通,自来水没有,电车和火车也无法开动,变成一座死城,秩序就无法控制。

由于陈云领导下的军管会指挥有方,接收后的沈阳市秩序良好。到 11 月 25 日,每天有 96 列客货车进出沈阳站,绝大部分工厂恢复生产。

接收沈阳是我党我军历史上接收特大城市的第一次成功尝试,其经验极为宝贵。1948 年 11 月 28 日,陈云写了《接收沈阳的经验》的报告,上报东北局并转报党中央。中央充分肯定了陈云总结的经验,把它转发给了各中央局和各野战军前委,加以推广,为日后依次接收全国的其他大城市提供了难得的样板。

接收沈阳

组建中财委

1949 年,随着解放战争的节节胜利,党中央开始为即将诞生的共和国描绘蓝图。此时,令领袖们感到棘手的已不再是军事问题,而是异常严峻的经济形势。

当时,财政经济面临严重的困难。一方面由于长期的战乱和国民党反动政府的腐朽统治,百业凋敝,经济萧条,民不聊生,物价上涨严重,经济秩序混乱不堪。另一方面,中国共产党在领导中国革命的过程中,为了适应战争的需要,在财经方面采取各解放区分散经营和分散管理的制度。随着解放战争的胜利发展,财经分散管理的某些弱点开始暴露出来,人民政府的财政赤字很高。财政经济的严重困难,对于巩固即将诞生的新政权和推进解放战争的向前发展都是极为不利的。在这种情况下,当务之急便是筹建统一的中央财政机构,以便根据实际情况决定工作方针,尽快扭转混乱、分散的财经局面。

要组建统一的全国财经机构,首先就要物色一位能够统管全国经济工作的主帅。七届二中全会召开之前,周恩来果断地向毛泽东提出:调陈云回中央主持财经工作。周恩来的建议立即得到了毛泽东和中央其他领导同志的一致赞同。

陈云是党内领导财经工作的行家里手。1944 年,陈云在主持西北财经办事处工作期间,由于作出的部署和采取的措施十分成功,打破了国民党的经济封锁,使财政收支基本平衡,物价相对稳定,陕甘宁边区的党政机关、部队、学校 10 万多人和边区 150 万人民的生活得到了改善。陈云虽然主持西北财经工作时间不长,但已显露出了他善于理财的本领,他出色的工作成绩,得到了党中央的肯定。

抗日战争胜利后,陈云被派往东北工作。东北解放以后,陈云领导财经工作的才能再一次得到了充分的显示,他的财经思想对克服东北解放区的困难,统一东北财经,接收和恢复城市经济都起了十分重要的作用。毛泽东对陈云在领导东北财经工作中的突出表现极为欣赏。

正因为陈云在财经方面有着特殊的才干,所以党中央和毛泽东在确定他领导全国经济工作这个问题上才会显得如此果断。事

■ 1949 年 10 月 21 日,中央人民政府政务院财政经济委员会成立。前排左六为陈云

隔几十年后,薄一波在《若干重大决策与事件的回顾》一书中仍明确指出:"党中央和毛主席在决定建立统一的财经领导机构的过程中,最重要的一着是从东北调回陈云同志主持中财委。""党中央和毛主席任命他为中财委主任,是再合适不过了。"

1949年2月6日,毛泽东致电东北方面:请陈云来中央一叙。几天之后,陈云赶赴西柏坡。

陈云受命于国家财政经济危难之际,他勇敢地担起了统帅全国财经工作的重任。由于当时全国经济形势非常紧迫,陈云受命后,匆忙赶回东北交接工作,准备走马上任。

1949年3月,中共七届二中全会上,党中央正式决定建立中央财经委员会来统一领导全国财经工作。

1949年5月9日,东北行政委员会第57次常委会正式免去陈云东北财经委员会主任的职务。5月14日,陈云抵达北平。从此,组建中财委的工作正式提上议事日程。

陈云到北平后的第二天至5月底,他同朱德、刘少奇等连续召开会议研究从中央到地方各级财经机构的设置问题。刘少奇根据会议的决定,起草了《中国人民革命军事委员会关于建立中央财政机构大纲(草案)》,经毛泽东审定,5月31日正式发出。《大纲》指出:"由于人民革命战争正在取得全国范围的胜利,为了尽可能迅速地和有计划地恢复与发展人民生活之目的,应即建立有工作能力的中央的财政经济机构,并使各地方的财政经济机构和中央财政经济机构建立正确的关系。"《大纲》要求:在中国人民革命军事委员会之下,立即建立中央财政经济委员会,并陆续建立若干中央财政经济部门,作为目前中央的财政经济机构。中央各财政经济部门在财政经济计划方面应服从中央财政经济委员会的决议,各部门的主要负责人应加入中央财政经济委员会为委员。中央财政经济委员会应陆续设立6局13处。在东北、西北、华中、华东等区域及各省各大中城市,均应建立财政经济委员会及各级人民政府委员会的若干财政经济部门,并在中央与上级财政经济机关的领导之下进行工作。

就这样,中财委作为党在经济战线的统一领导机构的地位正式确定下来。

经过一段时间的紧张筹备工作,1949 年 7 月 12 日,在原中共中央财政经济部和华北财政经济委员会合并的基础上组建了中央财政经济委员会,陈云任主任,薄一波任副主任。新中国成立后,经过充实组建成政务院财经委员会(二者均简称中财委)。

中财委的建立,标志着我党开始领导全国性的财经工作。正如陈云所指出:"今天我们的工作,已不是一个地区或一个部队的工作,而是四亿七千五百万人、地大物博的全国性的工作。"

中财委成立后,暂时在位于北京城东的原清朝王爷的府第——九爷府办公。当时,中财委只有 60 余人,陈云根据管理全国财经工作的需要,明确提出,中财委及有关机构"必须吸收党内外各方面有知识的人来共同工作"。他一方面指示各地,要从党领导的各地区各部门抽调懂财经的干部到财经部门来,"抽二三等的不行,要抽一等的"。另一方面在党外民主人士中物色人才。当时,经济界和社会上一些知名人士,如马寅初、章乃器、孙晓村、钱昌照等都被吸收进了中财委。经过一段时间的努力,到建国初期政务院财经委员会成立时,已有熟悉财经工作的干部 300 余人,机构也陆续建立起来,中财委这个统帅全国财经工作的司令部已初具规模。

陈云走马上任后,发扬"唯实"、"稳健"的作风,率领中财委组织了财经战线上的一次又一次的重大"战役",出色地完成了各项工作任务,同时也为国家培养了管理经济工作的骨干。

组建中财委

103

米棉之战

1949 年 10 月 15 日至 11 月中下旬,刚刚建立的人民共和国经历了开国后的第一次物价大涨风。此次物价涨风来势凶猛,规模大、持续时间长。

这次物价上涨首先开始于华北地区。1949 年 9 月中旬至 10 月中旬华北地区由于粮食缺乏,造成粮价上涨。华北物价上涨后,上海物价以纱布带头,猛烈上涨。随后,华中、西北跟进,全国物价猛涨。

造成这次物价上涨的原因是多方面的,但其中一个重要的原因则是投机资本家乘国家财政困难之机,囤积居奇,哄抬物价,加剧了供给与需求的矛盾,导致物价飞涨。这是继 6 月"银元之战"后,投机资本家与人民政府争夺市场领导权的又一次较量,较量的主战场仍然在上海。

上海的工商业是在半殖民地、半封建基础上发展起来的,具有浓厚的投机性。在长期通货膨胀影响下,上海的投机活动十分猖獗。1949 年 6 月,人民政府依靠政治力量和强制手段同投机资本家展开了一场"银元之战",此战给了投机势力以沉重的打击。经过"银元之战",投机商人知道银元投机无法再做了,于是他们就把目光转到了粮食和纱布上。

当时,物价不稳定,粮食和纱布往往代替货币充当筹码,成为囤积的对象。投机商人想通过囤积粮食和纱布来哄抬物价,扰乱市场,攫取暴利。国民党特务也乘机煽动,只要控制"两白一黑"(即大米、棉纱、煤炭)就可以置上海于死地。当时,投机商人估计政府手里掌握的纱布不多,就从这里下手,颇有孤注一掷的架势。由于投机商人拼命地抢购套购,十几天的时间里,几种最重要最基本的商品价格狂涨。为了平抑飞涨的棉价米价,11月7日,上海市政府在一天之内抛售大米991万斤,又在短时间内抛售棉纱2万件,棉布30万匹,结果"被他们一口吞下,连眼睛也不眨一眨"。从10月中旬至11月下旬,上海的棉纱价上涨3.8倍、棉价上涨3.5倍、米价上涨5倍多。全国13个大城市的批发物价指数如以1948年12月为基数100,到1949年11月则达到5 376。连续猛烈的物价上涨,恶化了整个经济形势。

在这种情况下,能否稳定物价,安定民心,对于新生的人民共和国来讲是一次生死的考验。如果不同投机资本家进行必要的斗争并在斗争中取得胜利,共和国在经济上就会站不住脚,就会影响新生政权的巩固。为此,中央决定依靠国家政权的力量,发挥国营经济的优势,政治手段和经济手段双管齐下,与投机资本展开一场"米棉之战"。

中财委主任陈云坐镇北京,亲自指挥、部署了这场全国性的战斗。陈云对这次物价涨风进行了认真分析和研究后指出,稳定物价的关键,在于我们掌握市场主要物资的多少。1949年11月13日,陈云为中财委起草了致各地指示电,此电经毛泽东、周恩来当夜批示,即刻发往全国各地。为了全力稳住物价,陈云在电报中连续发出了12道指令,对调运物资,统一抛售,收紧银根等作了周密部署。在第12道指令中他还明确指出:对于投机商人,应在此次行动中给予适当教训。

根据中财委的部署,全国开始了大规模的物资调运。从11月15日至30日,每日从东北调运1 000万斤至1 200万斤粮食入关,供应京津需要;华中棉花加紧东运;陇海铁路沿线积压的纱布运到西安。经过一段时间的周密准备,各大城市都集中了充足的物资,与投机资本较量的时机成熟了。

11月25日,当物价上涨到高峰时,陈云命令全国各大城市统一行动,集中大量抛售物资(主要是纱布)。开市那天,上海等地的投机资本家不惜借债,争相抢购,以便伺机抛出,大赚一把。然而,这次他们打错了如意算盘,从26日起,国营花纱布公司一面将大量物资投入市场,一面降低牌价。连续抛售10天后,物价下跌30%—40%,当时,上海的纱布价格一天之内下降了一半。投机商人见势不妙,赶紧抛出自己手中的纱布,但为时已晚,投机分子叫苦不迭。

与此同时,陈云还提出了几条穷追猛打的措施:加紧征税,收缴公债款。还要求私营工厂不准关门,而且要照发工人工资。规定所有国营企业的钱一律存入银行,不向私营银行和资本家企业贷款。

这样一抛一收,使得投机分子“两面挨耳光”,再也招架不下去了,人民政府乘机以极低的价格买进他们吃进的棉纱。有人曾对陈云说,这些招是不是太狠了。陈云说:不狠,不这样,就天下大乱。

这场全国性的战斗进行了半个月,到12月10日结束。此次战斗使投机资本家受到了沉重的打击,许多投机商人是靠借高利贷抢购囤积的,结果不但囤货亏本,还要付出高额利息,由此导致许多投机资本家宣告破产,那些借钱给投机商人的私营钱庄也因收不回贷款而宣告倒闭。从此,投机资本家大伤元气,再也无力操纵市场物价了。

事后,上海一位有影响的资本家说:“6月银元风潮,中共是用政治力量压下去的,此次则仅用经济力量就能稳住,是上海工商界所料不到的”,“给上海工商界一个教训”。

第一次物价涨风平息之后,上海和全国的物价趋于稳定。1950年2月,上海投机商人再次兴风作浪,哄抬物价。陈云又通过进一步的紧缩政策和物资调运部署,制止了物价涨风,使投机资本家再一次以失败的下场而告终。

　　陈云以其伟大的气魄和非凡的经济才能领导了这场反对投机资本,平稳物价的战斗。经过这场斗争,彻底制服了投机资本,国营经济取得了市场领导权。1950年3月,陈云又领导统一了全国财经工作。从而,一举结束了持续了十几年的物价飞涨、市场混乱的局面。从1950年3月起,全国物价基本稳定下来。

　　对于这场战斗的胜利,毛泽东曾给予了高度的评价,指出它的意义"不下于淮海战役"。他还借用诸葛亮在《前出师表》里叙述刘备夸奖向宠的用语"将军向宠,性行淑均,晓畅军事,试用于昔日,先帝称之曰能",来称赞陈云的理财之能。

共和国第一期公债

陈云

1950年1月5日,共和国第一期公债——人民胜利折实公债在全国各地正式发行。这一天,各地中国人民银行门前,异常热闹,购买公债的人流络绎不绝。

人民胜利折实公债的发行,是建国初期人民政府为弥补财政赤字,稳定金融物价所采取的一项重要措施。陈云亲自主持和领导了公债的发行工作。

建国初期,国家面临着严峻的财政金融形势,其中,最为突出的问题就是通货膨胀,物价上涨。造成这一情况的原因是多方面的,但主要的原因是政府财政收支入不敷出,出现了巨额赤字。为了弥补财政赤字,政府不得不更多地发行钞票。这样做虽然暂时满足了财政支出的需要,但也必然会出现币值下跌,物价上涨的情况。

由此看来,要想控制通货膨胀,首先就要增加财政收入,减少赤字。但在当时的情况下,要想增加财政收入是非常困难的。这是因为:过去的财政收入主要靠公粮和税收。公粮在老解放区的负担已经很重,不可能再增加,老解放区大部分是农村,税收很少;在新解放区,由于土改尚未进行,财经工作的基础又很差,一时难以增加收入,而且当时全国财政尚未统一,公粮和城市中的税收基本上由地方掌握,中央很难集中调拨使用。在这种情况下,为了增加财政收入,发行公债就成为一种迫不得已的选择。

发行公债是近代以来各国政府普遍采用的一种经济手段。陈云对这种手段并不陌生。建国前,他在主持东北财经工作期间,为了筹集资金,尽快恢复东北地区的经济,就曾发行过公债,而且起到了很好的作用。

陈云主持中财委工作后,为了解决严重的财经困难,1949年8月,他在上海主持召开全国财经会议。在这次会议上,他明确指出:"面对这种情况,怎么办? 无非是两条:一是继续发票子,二是发行公债。""假如只走前一条路,继续多发票子,通货膨胀,什么人都要吃亏。""少发票子就得发公债。"在这次会议上,陈云还就发行公债的数量,可能遇到的困难,发行的对象,发行的一些具体办法等都作了说明。

当时,由于我们党长期处于农村环境,对发行公债这一经济手段不太熟悉,当陈云提出这个问题时,许多人都不是很明白,认为这是靠借债过日子,不光彩。当时工商业者对发行公债也存在消极情绪。在这种情况下,中央决定暂缓发行公债。

1949年10月上旬至11月下旬,一股来势凶猛的物价涨风席卷全国,给国民经济的恢复和人民生活造成了严重的危害。陈云认为,这次物价上涨的主要原因是"政府的财政赤字庞大,因而钞票发行过多"。经过此次物价涨风,更加坚定了陈云发行公债的决心,党中央也由此对发行公债的紧迫性有了进一步的认识。

1949年12月2日,在中央人民政府委员会第四次会议上,政务院正式提出了发行公债的提案,陈云在会上就物价和发行公债的问题作了报告。他指出,发行公债的作用,"在于弥补一部分财政赤字"。同时还指出:"人民购买公债,在全国经济困难情况下,也是一种负担。但是这种负担,比起因增发钞票、币值下跌所受的损失来说,是比较小的。因为币值下跌的结果,其下跌部分是全部损失了的,而购买公债,在一时算来是负担,但是终究可以得到本息,不是损失。如果发行公债缩小赤字的结果,使明年的币值与物价情况比今年改善,则不但对全国靠工资生活的劳动人民和军政公教人员有好处,而且对于工商业的正常经营也是有益的。所以从全体人民的利益说来,发行公债比之多发钞票要好些。"

会上,毛泽东主席发表了鼓舞人心的讲话,他说:我们的财政情况是有困难的,我们必须要向人民说明我们的困难所在,不要隐瞒这种困难。但是我们同时也必须向人民说明,我们确实有办法克服困难,我们既然有办法克服困难,我们的事业就是有希望的,我们的前途是光明的。

这次会议委员们以热烈的掌声,一致通过了《关于发行人民胜利折实公债的决定》。决定规定,本公债的募集和还本付息,均以实物为计算标准,其单位定名为"分",每分以上海、天津、汉口、西安、广州、重庆六大城市的大米(天津为小米)6 斤、面粉 1 斤半、白细布 4 尺、煤炭 16 斤的平均批发价的总和计算。1950 年内分期发行人民胜利折实公债,总额为 2 万万分。第一期在 1950 年 1 月至 3 月定期发行。继续发行时间,由政务院决定。

《决定》通过后,12 月 16 日,陈云又就公债和钞票的发行计划向中央作了报告,就公债发行过程中的一些问题再次向中央作了说明。政务院又就第一期公债的发行面额、推销对象等具体问题作出了一系列指示。第一期债额为 1 万万分。公债推销对象,主要放在大中小城市的工商业者、城乡殷实富户和富有的文武退职官吏。指示还特别强调推销公债,必须贯彻民主精神,做到公平合理,反对强迫摊派。

由于公债的发行,是从维护全国人民的利益出发,是针对现实为人民解决问题的,因而得到了全国人民的普遍拥护和支持,人民将公债称为"胜利的负担"。由于全国各界人民的踊跃认购,第一期公债推销总额达 1.4 亿分,超额 40%,完成了第一期人民胜利折实公债的发行任务。以后,由于国家财政经济状况好转,第二期公债未继续发行。

■ 上海市民踊跃认购公债

人民胜利折实公债的发行虽然数量不大,但对当时弥补财政赤字,回笼货币,稳定金融物价起到了很好的作用。同时,全国人民也通过认购公债,受到了一次深刻的爱国主义教育。

改造工商业

　　1955 年下半年，在农业合作化高潮的推动下，全国掀起了对资本主义工商业的社会主义改造高潮。一时间，各地敲锣打鼓，申请公私合营的人流日夜不断。到 1956 年 1 月，全国大城市和 50 多个中等城市全部实现了全行业的公私合营，1956 年底，全国基本上完成了对资本主义工商业的社会主义改造。

　　在中国消灭资本主义，实现共产主义，这是中国共产党的历史使命。但是，新中国成立后，我们党并没有试图在短时间内完成这一历史使命。然而事实的发展却没有按中央预定的计划进行。1955 年到 1956 年，仅用 1 年多的时间就实现了全行业的公私合营。1956 年 1 月 25 日，毛泽东在第六次最高国务会议上说："公私合营走得很快，这是没有预料到的。谁料得到？现在又没有孔明，意料不到那么快。"

　　私营工商业者之所以在这样短的时间内，实现全行业公私合营，走上社会主义道路，这同我们党对民族资产阶级所采取的正确的方针政策是密不可分的。我国对资本主义工商业的社会主义改造，采取的是和平赎买的政策，通过一系列由低级到高级的国家资本主义过渡形式，把资本家私有制逐步地改造为社会主义的全民所有制。

■ 陈云在第六次最高国务会议上作报告

　　在对资改造的过程中,要使和平赎买进展顺利,争取资本家的合作是最重要的一点。当时,对公私合营,资本家的内心是非常矛盾和苦闷的,真是"十五只吊桶打水,七上八下",资本家白天敲锣打鼓,晚上回家抱头痛哭的情况是普遍存在的。一方面,建国后,经过各种斗争和教育,使大多数资本家认识到接受社会主义改造是人心所向,大势所趋。但另一方面,他们又不愿意交出自己甚至几代人苦心经营的企业。此外,他们还担心公私合营后,收入减少,生活有困难,政府不给他们安排工作等。针对这种情况,党中央和人民政府积极主动地开展工作,打消了资本家的种种顾虑,使对资改造工作较为顺利地走上了新阶段。

　　当时,陈云是中央对资改造十人小组的组长,他正确地分析了民族资产阶级的特点,一切从实际出发,在公私合营前后,做了大量的工作,起到了积极而重要的作用。

　　在公私合营过程中,对于资本家矛盾和苦闷的心情,陈云是非常理解的。他认为这是人之常情,应该予以照顾。他曾反复强调,对资本家要网开一面,不要两面夹击,要尽量使他们心情舒畅。

资本家最关心的是公私合营后,他们的企业会变成什么样子,祖宗创下的牌子是否还能保留? 对此,陈云明确指出:"原有工厂和店铺的招牌是不是需要改掉? 我看最好把它保存下来。如果统统改掉,编成号头,使人搞不清楚,还不如'瑞蚨祥'、'全聚德'等各种各样的牌子挂着好一点。这样资本家也舒服,牌子是祖宗传下来的,把牌子搞掉,他们是会心痛的。"

　　公私合营后,对于资方实职人员的安排问题,也是资本家最关心的问题。他们考虑:一是安排不安排,二是能不能长久,三是安排得好不好。对此,陈云一一做了说明,解除了他们的后顾之忧。

　　对于资方人员的工作安排问题,陈云指出:"所有的资方实职人员,应该全部安置。"这是因为,"工商业者的绝大部分是懂技术的,有业务经验。不懂的也有,但是极少数。他们的技术和业务经验,对人民、对国家、对社会主义建设是很有用的。国家需要这些懂技术懂业务的人。国家对待资本家和对待地主是不同的。地主对发展社会生产有害无益。资本家懂得技术,能管理工厂,组织生产。政府安排资本家并不是对资本家特别好,而是因为这对国家对人民都有好处。工商界不要担心得不到安排。"

　　陈云不但主张妥善安排资方人员,而且还特别指出:"不应该让有经营能力的资方实职人员坐'冷板凳',而要尽可能地使用他们。"把资方人员安排在原企业当经理,这是政府的政策,但有些工人对此不理解,他们说:从前他当厂长、经理,合营后还是他;资本主义是他,社会主义还是他。对此,陈云对资本家说:"你们要有思想准备,听了这些话之后,不能生气。因为过去工人与资方长期是对立的,这种对立情绪不是一下子能改变的。"当然,政府可以向工人讲清楚:"资本家愿意公私合营,不要他们,他们没有饭吃,这不好。现在资本家与过去有所不同,过去为利润工作,现在为国家工作。他们中有的人有技术,有业务经验,国家也需要他们。工人是讲道理的,是会认识到应该团结资方的。工商业者自己也要改变对工人的态度,改变对工作的态度。"

有些资本家认为,共产党对资本家是先甜后辣,今天安排了,将来就踢开了。对此,陈云也明确指出:"不是这样的。今天安排,将来也要安排。因为你们在解放后,拥护人民政府,拥护土地改革,支援抗美援朝,接受'五反'教育,最近又积极参加全行业公私合营,这些都是好事。共产党是讲道理的。你们好事做得愈多,得到的好处也愈多,结果也愈好。"

公私合营后,陈云主张对资本家实行"定息"制度。所谓"定息",就是不论企业盈亏,统一由国家按照合营时清产核资确定的私股股额,发给资本家固定的利息。陈云认为实行定息有很大的好处,因为虽然"资本家暂时保存了他的资产价值,这个资产的所有权还是他的,但是不能变卖,只能拿到定额利息。工厂企业管理的实际权利转到了国家手里"。息率定多少合适呢?经过反复思考和计算,陈云提出,定息的原则应该从简从宽,息率应一律定为5厘。对于年息,当时资本家普遍认为能稳拿3%,争取4%,结果使他们"坐三望四得五",全国的资本家都"喜出望外"。

此外,陈云还提出:"对资本家也要进行改造,把他们改造成为自食其力的劳动者,改造成为社会主义企业的干部。"

陈云在对资改造过程中所提出的一系列适合中国国情的方针政策和实际措施,使民族资本家受到了教育和鼓舞,推动了对资改造工作的顺利进行。

"黑色炸药"与"黄色炸药"

新中国成立初期,粮食问题是国家面临的一个重大问题,粮食的产需矛盾,尤其是商品粮的供销矛盾异常尖锐。"粮食定,天下定。"为了解决粮食困难,1953 年 10 月 10 日,在北京召开了全国粮食会议,主管全国财经工作的陈云在会上作了长篇发言。他向大会介绍了粮食问题的严峻形势,并讲到在粮食问题上应该处理好四种关系,即:国家跟农民的关系;国家跟消费者的关系;国家跟商人的关系;中央跟地方、地方跟地方的关系。而在四种关系中,难处理的是头两种,而最难的又是第一种。他形象地比喻说:"我现在是挑着一担'炸药',前面是'黑色炸药',后面是'黄色炸药'。如果搞不到粮食,整个市场就要波动;如果采取征购的方法,农民又可能反对。两个中间要选择一个,都是危险家伙。"

陈云的一番话道出了粮食形势的严峻和解决粮食问题的复杂、棘手。

建国初期,国家为什么会出现如此严重的粮食危机呢?主要有这样几方面的原因:一、中国是一个人口众多,耕地相对不足的国家。粮食问题是历代政府感到棘手的问题。新中国成立后,粮食的产需矛盾、供销矛盾依然严重存在。二、建国后,政治稳定,人

陈云

■ 陈云在一届全国人大一次会议上作关于
计划收购和计划供应问题的报告

口增加，人均粮食占有量下降。特别是随着全国范围内大规模经济建设的开始，城镇人口迅速增加（1953年城镇人口7 826万，比1952年增加663万，比1949年增加2 061万），扩大了城镇粮食供应面，使粮食销量大幅度增加。三、经过土地改革和几年的经济恢复，粮食产量虽有大幅度的提高，但由于农民生活改善了，增产的粮食有相当一部分被农民用于自身消费和储备。同时，由于发展经济作物和支援灾区，国家也需要向农村增加返销粮。

另外，当时的粮食市场是自由市场，农民除了交公粮外，粮食可以自由买卖。投机粮商乘机四处活动，抢购粮食，与国营粮食部门争夺市场。据报道：1953年，江苏徐州专区各县黄豆收割时，大江南北的粮商蜂拥而至，有个叫王雨农的粮商，一个人就抢购了50万斤。这种粮食投机市场的存在，严重干扰了国家粮食的购销计划，加剧了粮食产需矛盾的恶化。

由于上述原因，国家粮食收购计划无法完成，销售计划却大幅度突破，粮食危机接连不断。从1952年下半年起，全国许多地区出现了抢购粮食的现象，到了1953年夏季，这种情况愈演愈烈，有些受灾地区、小城镇的国营粮店前聚集着数千人甚至上万人争购粮食，一些大城市的粮食也严重不足，如北京、天津的面粉配给已势在必行。

面对如此严重的粮食问题，如果不采取措施，放任发展下去，必然导致物价波动,社会动荡,影响大规模经济建设的开展和新生政权的巩固。正因为如此,解决粮食危机已成为党和国家刻不容缓的任务。为此,党中央要求中财委尽快拿出切实可行的办法,以扭转粮食的困难局面。在这紧急关头,刚刚从外地休养回京的陈云,遵照中央的指示,立即全力以赴研究对策。

陈云的工作方法一向是科学决策,谨慎稳妥。当时,中财委汇总了8种方案,即:只征不配,只配不征,原封不动,"临渴掘井",动员认购,合同预购,各行其是,又征又配。经过对这8种方案广泛征求意见,反复论证,反复权衡利弊得失之后,陈云认为,可选择的只有最后一种:又征又配,即实行农村征购,城市配给的方法。

1953年国庆之夜,在天安门城楼会见厅里,陈云将对粮食实行又征又配的想法向毛泽东等中央领导作了汇报。他的想法一经提出,立即得到了周恩来、邓小平的支持,并得到毛泽东的赞同。

1953年10月2日在政治局扩大会议和10月10日由各大区领导参加的全国粮食会议上,陈云受命作了重要报告。他向大会详细分析了粮食的购销情况,并对上述8种方案的可行性逐个作了说明,然后指出:现在只能实行农村征购,城市配给的方法,其他的方法都

■ 农业生产合作社社员向国家出售余粮

不可行。

对于在农村实行征购,城市实行配给的方案,陈云也有顾虑。他对大家说:如果大家都同意这样做的话,就要认真考虑一下会出什么毛病,会出什么乱子。全国有 26 万个乡,100 万个自然村,如果 10 个自然村中有一个出毛病,那就是 10 万个自然村。"逼死人或者打扁担以至暴动的事,都可能发生。"实行粮食征购确实部分限制了农民的权益,"农民的粮食不能自由支配了,虽然我们出钱,但他们不能待价而沽,很可能会影响生产情绪"。

但对于不这样做的后果,陈云也做了预测。他说,如果"不采取这个办法后果更坏,那就要重新走上旧中国进口粮食的老路,建设不成,结果帝国主义打来,扁担也要打来"。

当时确实面临着"黑色炸药"和"黄色炸药"的抉择,两害相权取其轻,陈云从国家经济建设的大局出发,认为选择农村征购,城市配给的办法,危险性可能小一点。陈云力主实行又征又购的办法,并耐心说服党内不同意见者。经过认真讨论,大家一致认为征购和配给是解决粮食产需矛盾的最佳方案。

在讨论过程中,关于名称的问题,毛泽东提出:"征购"、"配售"的名称可否改一下?因为日本人搞过这个事情,这两个名词很吓人。陈云说:粮食部长章乃器主张将"配售"改为"计划供应",我们何不再将"征购"改为"计划收购",简单地说,新的粮食政策就叫"统购统销"。

1953 年 10 月 16 日,中共中央作出了《关于实行粮食的计划收购和计划供应的决议》;10 月 19 日,政务院通过了《关于实行粮食的计划收购和计划供应的命令》。统购统销政策包括计划收购,计划供应,控制市场,统一管理四部分。根据中央的决议和政务院的命令,从 12 月初开始,除西藏和台湾外,全国城乡开始实行粮食的统购统销。

继粮食统购统销后,中央又对食用植物油、棉花、棉布等陆续实行统购统销的办法。

建国初期,对粮食等农副产品实行统购统销,是继统一财经,稳定物价之后的又一次大战役,称为财经战线上的第二大战役。陈云亲自主持领导了这场战役。统购统销政策是在当时特定的历史条件下作出的正确决策,是历史的必然选择。这一政策的实施,消除了投机资本囤积居奇的弊端,稳定了市场物价,对于保障城乡人民生活的基本需要,支援国家经济建设发挥了重要作用。

"黑色炸药"与"黄色炸药"

主持编制"一五"计划

实现国家工业化是中国人民百余年来梦寐以求的奋斗目标。然而,这种梦想只有在新中国成立后才变成了切实可行的计划。从 1953 年起,中国开始执行发展国民经济的第一个五年计划(1953—1957),中国人民终于迈开了工业化建设的步伐。

党中央和人民政府对"一五"计划的编制和实施极为重视。陈云是党中央第一代领导集体的重要成员,当时负责主持全国的财经工作,因此,编制和组织实施"一五"计划的重任也就历史地落在了他的肩上。

实施大规模有计划的经济建设,在中国历史上是前所未有的事情。由于缺乏编制中、长期计划的经验,建设工作的经验也很不够,加上苏联援建的项目,经过几次调整才确定下来,因而,"一五"计划并不是先编制好再实施,而是边编制、边实施、边修改,前后历时四年,五易其稿,小的调整修改不计其数。在这个过程中,除了第四次,陈云因病在外地休养未参加外,其余的四次都是在他的主持领导下编制的。由此可见,"一五"计划的编制凝聚了陈云多少心血。

1951 年 2 月中旬,中央政治局扩大会议提出了"三年准备,十年计划经济建设"的思想。从这时起,陈云就开始酝酿编制"一五"计划,在他的主持领导下,1951 年,中财委首次试编出一个粗略的计划纲要。

1952年,国民经济恢复任务即将完成,大规模的经济建设即将开始,党中央决定加快第一个五年计划的编制。陈云领导中财委对"一五"计划进行第二次编制,1952年6月,中财委试编出《五年计划轮廓草案》。党中央决定以此作为基本根据,派代表团访苏,以征求苏联政府对我国"一五"计划的意见,商谈苏联援助我国发展经济建设的具体方案。

1952年8月,以周恩来为团长,陈云、李富春为副团长,带领30多位专家访苏。在莫斯科期间,周恩来、陈云等同苏联有关方面进行了一个月的会谈。苏联国家计划委员会和经济专家对我国"一五"计划提出了许多有益的建议。在此期间,斯大林两次会见了周恩来和陈云,他对我国"一五"计划提出了一些原则性的建议。他认为,我们《草案》里考虑的5年中工业年增长20%的速度是勉强的,建议降到15%或14%。他强调,计划不能打得太满,必须留有后备力量,以应付意外的困难。斯大林的建议很有启发意义。经过一个月的友好商谈,苏联同意帮助我们设计一批企业,并提供设备。在大局已定的情况下,周恩来和陈云先期回国,留下李富春率领代表团继续同苏联有关部门商谈具体援建项目,时间长达9个月。

陈云回国后,根据苏方提出的建议,领导中财委对"一五"计划进行了第三次编制。由于长期夜以继日的工作,陈云终于病倒了,不得不暂时离开工作岗位到外地休养,由他主持编制的"一五"计划也暂时停下来。1953年4月由国家计委对"一五"计划进行第四次编制。

根据党中央预定的计划,1953年我国应该进入"一五"计划的实施阶段,但到1953年年中,虽然已经对"一五"计划进行了四次编制,但仍不能令人满意,毛泽东党中央对此十分着急。

1954年初,根据工作发展的需要,中央决定成立由陈云任组长的8人工作小组,加快"一五"计划的编制工作。这一次,毛泽东

124

■ 陈云在党的全国代表会议上作关于发展国民经济的"一五"计划报告

立下了军令状,要求计委从 2 月 15 日起,一个月之内必须拿出初稿,由陈云领导的小组定稿。根据中央的指示,陈云立即组织人力,全力投入到对"一五"计划的第五次编制工作中。当时,陈云自己也组织了一个五人工作小组,昼夜兼程,将各部和计委上报的材料进行归纳、整理,仅用了 15 天的时间就拿出了《五年计划纲要初稿》。4 月,毛泽东审阅了陈云提出的《五年计划纲要初稿》,并批转刘少奇、周恩来、彭真、邓小平等审阅。1954 年 6 月陈云就"一五"计划的编制情况向中央政治局扩大会议作了汇报。

后来,在陈云和李富春的主持下,对"一五"计划初稿进行了讨论和修改,1955 年 3 月中旬,"一五"计划草案正式编出。随后,在 3 月 31 日召开的党的全国代表会议上,对陈云主持编制的"一五"计划草案进行审议,并原则通过这一草案。6 月,中共中央两次对草案做了适当修改。7 月 30 日,一届全国人大二次会议审议并正式通过"一五"计划草案。就这样"一五"计划在实际实施了两年以后,才正式通过并公布。

"一五"计划的主体是社会主义工业化。关于工业化的发展战略问题,党中央从中国的国情出发,经过反复权衡利弊得失和深入讨论之后作出了优先发展重工业的战略决策。对于这一发展战略,陈云在编制和组织实施"一五"计划时,从建设项目、投资和发展速度等方面都给予了保证。"一五"计划的重点是集中主要力量进行以苏联帮助我国设计的 156 项建设项目为中心的,由限额以上的 694 个建设单位组成的工业建设。

关于工业布局问题,"一五"计划规定,新建项目的大部分分布在东北地区、中部和西部地区,以改变旧中国工业布局不合理的状况,促进经济落后地区的发展。为了确保建设项目的合理布局,一个重要项目的厂址,要有几个甚至十几个方案,经过反复踏勘比较后才能确定下来。周恩来和陈云都亲自过问,并亲自下去看过一些厂址。

陈云

126

■ 1959 年 5 月陈云在中南海勤政殿

关于工业化发展方向问题,陈云在 1954 年 6 月向中央政治局作的汇报中指出,"一五"计划的目标是:建立我国社会主义工业化和国防现代化、农业合作化以及对资本主义工商业实现社会主义改造的初步基础。

在编制"一五"计划的过程中,陈云还提出了国民经济应该按比例平衡发展的重要思想。他指出:"按比例发展的法则是必须遵守的,但各生产部门之间的具体比例,在各个国家,甚至一个国家的各个时期,都不会是相同的。一个国家,应根据自己当时的经济状况,来规定计划中应有的比例。究竟几比几才是对的,很难说。唯一的办法只有看是否平衡。合比例就是平衡的;平衡了,大体上也会是合比例的。"

"一五"计划的制定和公布,得到了全国人民的热烈拥护,中华大地上掀起了社会主义工业化建设高潮。经过全党和全国人民同心同德的艰苦奋斗,"一五"计划胜利完成,使中国的国民经济结构和国民经济面貌发生了深刻变化,为社会主义工业化奠定了初步基础。

主持编制"一五"计划

青浦调查

开展调查研究,讲求实事求是,这是陈云一贯的品格和工作作风。他曾明确指出:"我们做工作,要用百分之九十以上的时间研究情况,用不到百分之十的时间决定政策。所有正确的政策,都是根据对实际情况的科学分析而来的。"

陈云十分重视农业生产,认为农业是国民经济的基础。建国后,为了了解农业生产和农民生活情况,为中央决策提供符合实际的科学依据,陈云于 1955 年 1 月、5 月,1957 年 3 月三次回故乡上海青浦县进行农村调查。60 年代初,"大跃进"失败后,为了尽快恢复农业生产,陈云于 1961 年 6 月下旬至 7 月上旬,又一次亲赴青浦县小蒸人民公社作全面调查,这是他第四次青浦调查。

青浦县小蒸公社地处江南水乡。1927 年,陈云曾在这里搞过农民运动。建国后,他与这里又常有联系,对此地的情况比较了解,农民由于熟悉他,可以讲真话。为此,他选择小蒸公社为调查对象。

陈云在小蒸公社作了 15 天的调查。在调查期间,他吃住在农民家里。当时正是经济困难时期,陈云与群众同甘共苦,拒绝给他特殊的照顾。他的伙食十分简单,每顿饭只有两小碟菜,没有鱼肉,他不吃零食,更不抽烟喝酒。他还一再告诫调查组的工作人员,不要搞特殊化,坚决谢绝送礼和请客吃饭。

在小蒸公社,陈云听了两次公社党委的汇报,开了10个专题座谈会,内容是:一、公养猪;二、私养猪;三、农作物种植安排;四、自留地;五、平调退赔;六、农村商业;七、公社工业和手工业;八、粮食包产指标、征购任务、农民积极性;九、干部问题和群众监督;十、防止小偷小摸,保护生产。此外,陈云还深入农民家里座谈,观察他们养猪,种自留地,了解住房和吃饭等问题,并参观了公社的工厂、商店和仓库。

经过15天的调查,摸清了许多情况。农民对我们党既有赞扬,也有批评。对于农民的批评意见,陈云不仅认真听,而且耐心解释,有些还主动承担责任,作自我批评。他在几次座谈会讲话时,都说了这样几句话:我是国务院副总理,现在把你们搞得没有

■ 1961年陈云在小蒸人民公社作调查期间与公社干部合影。第二排左四为陈云

饭吃，犯了错误，对不起老乡们。请你们把我这个意思也给各位老乡讲一讲。他还幽默地问大家："我是好人，还是坏人？"群众说："你是好人。"他接着说："我虽是好人，结果办了错事情。"

在小燕公社，陈云对养猪问题，农作物种植安排问题，自留地问题进行了重点调查。

关于养猪问题。小燕公社有15个集体养猪场，调查组看了10个，陈云亲自去看了2个，并召集公家养猪的六七人和私人养猪的六七人分别座谈了两次。经过调查，陈云得出这样的结论："要迅速恢复和发展养猪事业，必须多产苗猪；而要多产苗猪，就必须把母猪下放给社员私养。"为什么会得出这样的结论呢？其原因是：

"大跃进"开始后，小燕公社将农民私养的猪和鸡鸭统统收归公养，严重挫伤了农民饲养家畜、家禽的积极性。虽然1961年初，中央已作出了"公私并举，私养为主"的方针，但各地在执行时仍大打折扣。上海市就不准农民私养母猪，把农民养的母猪收归集体饲养，还把这一条提到刹住农村资本主义发展的高度。

陈云在参观集体养猪场时，发现猪圈湿得像泥潭，母猪又瘦又小，遍体沾满泥浆。他气愤地说："从来没有见过有这样养母猪的地方，这样的猪场能增产猪仔吗？"由于公养母猪的饲养员人手少又缺乏责任感，致使产苗猪少，而且苗猪的死亡率也很高。相比之下，农民私养的猪就长得膘肥体壮。这是因为，养猪对于农民来讲等于开了一个"家庭银行"，农民的许多生活开支都是靠养猪卖钱来解决，所以，农民对养猪很上心，尤其是养母猪。农民说：母猪养得好赚钱多，养不好要亏本，所以对母猪像对产妇一样关心，对苗猪像对婴儿一样关心。由于农民的精心照顾，母猪就长得好。

经过讨论和研究后，公社宣布：原由集体集中饲养的母猪，统交由原饲养户领回。这一决定使农民们喜出望外，纷纷领回了自家的母猪。许多农民还赶紧到附近的公社去购买苗猪，家家户户的妇女撑着小船到河里抢捞水草，到地里挖野菜，小燕公社掀起了养猪的高潮。

关于农作物种植安排问题。小蒸地势低洼,人均耕地少,无霜期不长。这里一向种单季稻,再种一些夏熟作物蚕豆、小麦。"大跃进"开始后,小蒸大刮"浮夸风"、"瞎指挥风",强迫农民种双季稻,虽然表面上看,双季稻比单季稻每亩多产 200 多斤,但种双季稻各方面损失很大,实际是"明增暗减,得不偿失"。

当时农民是饿着肚子种双季稻,一昼夜弯腰插秧 16 个小时,一肚子怨气,这样不但插秧速度慢,敷衍了事的现象也很严重。同一天插秧的稻田,有的秧苗碧绿苗壮,有的却还是没有转青的黄秧。农民向陈云反映说:秧是插下了,凑合了事,插得不好,要减产。

经过调查,陈云得出结论:历史上长期形成的耕作习惯,不宜轻易改变。作物安排必须因地制宜。

陈云对自留地的问题十分关心。他说,自留地与农民的生产和生活有重大的关系。农民有了自留地,就不会饿死人了。有了自留地,农民就安定了,自留地要留足。

关于自留地问题,中央曾变动了几次,收了放,放了收,朝令夕改,搞得农民心灰意冷。虽然当时中央已经规定农民可以种自留地,但在讨论这个问题时,社队干部还是顾虑重重。他们一方面希望给农民多留一些自留地,认为这对增产一些粮食、蔬菜,补足农民的口粮和家畜禽饲料的不足等都有很多好处。另外,他们又担心,农民有了自留地,不积极参加集体生产,完不成国家征购任务。在陈云主持下,经过座谈讨论,大家统一了认识。陈云认为:"农民种自留地,可以种得很好,单位面积产量比生产队高。增加一点自留地,可以使农民的口粮得到一些补充,生活有所改善。再加上包产落实,超产奖励、多劳多得等一系列的措施,农民对集体生产的积极性就容易提高。农民的积极性提高了,种这样一点自留地决不会妨碍集体生产,相反会促进集体生产的发展。生产发展了,国家规定的征购任务也就更容易完成。"

陈云的工作作风一向细致谨慎,他总是力求通过认真细致的调查,全面了解情况,摸清规律。青浦调查后,他又到与青浦情况相似的杭州、苏州几个地方调查,以论证比较在小蒸调查的问题。此后,他给中央总书记邓小平写了一封信,并随信附了有关母猪也应该下放给农民私养、种双季稻不如种蚕豆和单季稻、按中央规定留足自留地3个专题调查报告。

下放江西

1969 年 11 月,一位年过六旬,但精神矍铄的老人被安排在江西化工石油机械厂"蹲点调查",这位老人就是陈云。从此,他在这里度过了 2 年零 7 个月的时光。

"文化大革命"开始后,陈云同其他老干部一样蒙受了莫须有的罪名,挨批判,被罢官,还被以"备战疏散"为名,下放到江西"蹲点调查"。所谓"蹲点调查",并不是以领导的身份深入基层,调查研究,解决问题,而是要"接受工人阶级再教育",改正自己的所谓"错误"。因此,此时的陈云处境是非常困难的。

陈云在化工厂"蹲点",吃住却在南昌市西南郊区的青云谱干休所。当时,为了保密和安全,江西省委领导对化工厂和干休所称陈云为"北京来的客人",陈云也给自己另外起了一个名字——陈元方,"元"、"方"两个字分别取自陈云两个儿子的名字。

陈云在化工厂"蹲点"期间,一般每星期去工厂三四次。化工厂每天早上 8 点上班,陈云严守厂里的制度,表示一定不能迟到。干休所到化工厂约有 2 华里的路程,为了正点赶到化工厂,陈云早晨 6 点多就要起床作准备。如此紧张的节奏,对于一位年过六旬的花甲老人来讲,困难是可想而知的,但陈云凭着坚强的意志,一年四季,风雨无阻,一直这样坚持下来。

■ 陈云下放"蹲点"的江西化工石油机械厂外景

江西化工石油机械厂当时属江西省军区生产建设兵团第28团,厂里实行连(车间)、排、班(组)建制。全厂有职工1 600余人,10个连队,100个班组,主要生产化工炼油设备。在化工厂,陈云逐个车间,逐个班组"蹲点",参加车间、班组的生产会议和学习会议达百次之多。陈云除了上午在化工厂外,他还经常下午也到各车间看看,和工人谈心。他在熔化班蹲点时,由于熔化炉炼铁的开炉时间都是在晚上,陈云就经常晚上到车间去看炼出铁的质量,并在炉旁和工人讨论如何提高炼铁的质量问题。就这样,陈云在化工厂的时间大大超过了他原定的时间。

由于陈云平易近人,密切联系群众,关心群众疾苦,化工厂的工人与他建立了深厚的感情,工人们亲切地称他"老首长",工人们还处处关心和照顾他,以表达对他的爱戴和尊敬之情。他在木模班蹲点时,班里的工人师傅曾冒着风险,为他专门做了一个可以随身带的帆布折叠小凳子,陈云非常高兴,他说:"我要把这个折叠小凳子带回北京去,告诉毛主席,这是工人师傅给我做的。"以后,陈云在车间蹲点时就经常带着这个小凳子,走累了,就坐下来休息一下,有时候,他还坐在这个小凳子上与工人促膝谈心,或给工人讲长征的故事。

陈云在江西"蹲点"时，虽身处逆境，但只要有可能和机会，他仍然以对党和人民高度负责的态度，直言自己的看法，向工人们宣传正确的道理。他在容器车间蹲点时，有一次，他在会上说：我参加你们的生产会，感到你们的会开得比较好，工人就要搞生产，如果工厂只闹革命不搞生产，经济怎么发展，国家怎么发展！当他看到容器车间的地上有许多烧过的电焊条时，就毫不客气地对班长说："这太可惜了，应当收起来加工成铁链条用。我们的国家还很穷，处处都要节约，节约是我们国家建设的法宝。"他在金工车间蹲点时，发现金工技术要求比较高，而班组却不安排技术学习，他就公开建议：每周至少安排两次生产技术课，让工人自学规定的技术课本，请厂里技术人员讲课。金工班的班长果然接受了陈云的建议，每周安排了两次技术学习。他在食堂蹲点时，为了搞好职工的伙食，他建议厂里召开炊事员座谈会，他说，炊事工作很重要，如果食堂伙食搞不好，工人吃不好，身体不好，就会影响工作。

陈云除了在化工厂调查外，他还对附近其他的工厂和人民公社以及学校进行参观，了解情况。出于对革命事业的高度责任感，他针对参观过程中发现的问题，提出了许多有益的建议。

陈云在江西期间，除了进行大量的调查外，其余的时间都用来读书学习。陈云一生酷爱读书。离开北京到江西之前，陈云就嘱咐他的秘书把《马克思恩格斯选集》、《资本论》、《列宁全集》、《斯大林文选》、《毛泽东选集》、《鲁迅全集》都装在两个大铁皮箱

■ 陈云"蹲点"时的住处——南昌市青云谱福州军区干部休养管理所8号

子里,带到江西去。据陈云的秘书回忆,陈云利用在江西的这段时间,重新通读了《马克思恩格斯选集》、《资本论》和《毛泽东选集》,还看了《列宁全集》十月革命以后的部分和《斯大林文选》、《鲁迅全集》的一些文章。陈云对这些经典著作中的经济理论部分进行了深入的研究,这对他复出后的工作产生了很大的影响。

1971年,林彪反革命集团覆灭后,国内的政治形势发生了很大的变化。周恩来抓住这一有利时机,大量解放和起用了一大批"文革"前期遭受迫害、打击的老干部。在这种形势下,经中央批准,1972年4月24日,陈云从江西回到了北京。

1973年到1974年,陈云协助周恩来总理进行对外经济贸易工作的指导和研究。

在历史的转折关头

　　1976 年 10 月，中国面临着向何处去的历史选择。粉碎"四人帮"得到了全党、全国人民的热烈拥护，但在当时"左"倾思潮占主导地位，思想僵化、个人迷信盛行的情况下，要解决历史遗留问题，拨乱反正是异常艰难的。在这关系着国家前途和命运的转折时刻，具有马列主义理论素养和政治远见的老一辈革命家陈云发挥了重要的历史作用，他旗帜鲜明地反对"两个凡是"的错误方针，坚持要完整准确地继承和发展毛泽东思想。

　　1977 年 2 月 7 日，《人民日报》、《红旗》杂志、《解放军报》发表社论《学好文件抓住纲》，公开提出"凡是毛主席作出的决策，我们都坚决维护，凡是毛主席的指示，我们都始终不渝地遵循"。"两个凡是"的提出，严重阻碍了拨乱反正的进行，窒息着国家和民族的生机。

　　陈云针对"两个凡是"，旗帜鲜明地提出了自己的观点。1977 年 3 月 10 日至 22 日，中共中央召开了中央工作会议。在会上，陈云不顾"两个凡是"的禁锢，发表了《粉碎"四人帮"后面临的两件大事》的书面发言，郑重地提出天安门事件，当时绝大多数群众是为了悼念周总理，需要查一查"四人帮"是否插手，是否有诡计。邓小平同志与天安门事件是无关的。为了中国革命和中国共产党的需要，让邓小平同志重新参加党中央的领导工作，是完全正确、完全必要的。陈云的书面发言，鲜明、尖锐、有说服力，是对"两个凡是"

的一次有力冲击。为天安门事件平反和让邓小平复职,这两个问题的解决,都将涉及毛泽东的晚年错误。因为这些都是毛泽东定的案,是毛泽东画过圈的。不破除对这个"圈"的个人迷信,就无法解决这些问题,改革开放也就根本无从谈起。

陈云的书面发言,被坚持"两个凡是"的人采取了行政压制手段,不让见诸会议简报。陈云呼吁为天安门事件平反、要求邓小平复出的呼声,被推行"两个凡是"方针的中央主要负责人压下去了。但真理是压不住的,陈云的发言迅速传出,引起了与会多数人的强烈共鸣,为思想上、组织上的拨乱反正吹响了号角。

为了冲破个人迷信,搬开"两个凡是"这一障碍,老一辈革命家带头公开发表文章,论述党的实事求是的优良作风,批判"两个凡是"的错误方针,促进了思想战线的拨乱反正。

"两个凡是"的实质,"就是按毛泽东同志晚年的错误方针办",它的要害在于违背了党的实事求是的思想路线。陈云以此为切入点,于1977年9月28日在《人民日报》上发表了长达万字的文章《坚持实事求是的革命作风》。文章指出,实事求是不是一个普通的作风问题,这是马克思主义唯物主义的根本思想路线问题。坚持毛泽东思想,就必须坚持实事求是。在"四人帮"横行的日子里,唯心主义泛滥,形而上学猖獗。他们和他们的追随者说假话,做假案,耍反革命两面派,成为司空见惯的事情。他们对马克思列宁主义、毛泽东思想进行疯狂的歪曲、割裂、篡改和伪造,用马克思主义经典作家的片言只语当作法宝来到处压人、害人、害党、害国。他们严重地破坏了毛主席长期培育的我们党的优良传统和作风。毛泽东从来反对离开中国社会和中国革命实际的教条主义,实事求是是毛泽东思想的根本观点和根本方法。陈云通过这篇文章,在实际上告诉人们,"两个凡是"的方针貌似维护毛泽东思想,实质上恰恰在最根本的问题上,违背了毛泽东思想。文章为人们摆脱这一方针的束缚,并进而否定这一方针提供了重要依据。

在陈云等老一辈革命家和广大人民群众的强烈要求下,1977

■ 在中共十一届三中全会上，陈云被增选为中央政治局委员、政治局常委、中央委员会副主席

年7月，在中共十届三中全会上作出了恢复邓小平职务的决定；1978年12月在中央工作会议期间，经中共中央政治局常委批准，中共北京市委宣布"天安门事件"完全是革命行动。这些重大决定，是对"两个凡是"错误方针的一个重大突破，是彻底纠正"文化大革命"错误的关键性转折。

　　陈云对"两个凡是"的有力批判和关于坚持实事求是的一系列论述，极大地促进了全党特别是党的高级干部解放思想，开动脑筋，摆脱"左"倾错误思想的束缚，成为全国真理标准问题讨论的先导之一，为全面拨乱反正、恢复党的实事求是的思想路线，起了重要作用。

　　在中共十一届三中全会前后，中国历史进程处于转折时期的关键时刻，陈云充分显示出一个杰出的马克思主义者对时代的深刻感悟力和洞察力。在一系列事关党和国家前途命运的重大问题上，他顺应历史潮流，把握住民心，正确解决时代提出的迫切问题，为党和人民立下了不朽的功勋。

为潘汉年平反

　　粉碎"四人帮"后,平反冤假错案的工作是党在组织路线上拨乱反正的关键。面对广大人民群众的迫切要求和如山的积案,陈云挺身而出,在1978年11月12日的中央工作会议上作了《坚持有错必纠的方针》的发言。陈云的发言"一鸣惊人",在会上引起了强烈反响,有力地推动了平反冤假错案的工作,为党的组织路线的恢复做出了积极的贡献。复查潘汉年一案,就是陈云在纠正冤案、错案、假案的工作中,所做的大量工作之一。

　　潘汉年在长期革命斗争中,特别是在开展对敌隐蔽斗争方面,有过很大的贡献。1955年4月,49岁的潘汉年正以充沛的精力为新中国的建设事业而努力奋斗的时候,突然以所谓"内奸"罪被捕入狱,成为当年轰动一时的大案,也是建国后发生的最大的一起"反革命案件"。1977年4月,他戴着"叛徒"、"内奸"、"反革命"的沉重帽子,含冤离开了人世。

140

　　中共十一届三中全会以后,平反冤假错案的工作全面展开。廖承志等人及潘汉年的亲属提出了重新复查潘汉年一案的要求,引起了中纪委书记陈云的重视,于是他亲自出面了解此案。

　　陈云和潘汉年在十年内战时期曾共过事。潘汉年对党和革命事业的忠诚,给陈云留下了深刻的印象。解放后,潘汉年被任命为中国第一大城市上海的常务副市长,分管政法、统战工作。陈云对潘汉年在担任上海财经委员会主任期间,稳妥、慎重地处理上海工商界和"三反"、"五反"的工作,更是十分了解和赞赏。从 1979 年开始,陈云向廖承志、刘晓、胡立教、夏衍、史永、刘人寿等人了解潘汉年的情况,并要求他们将自己对潘汉年的了解,写出系统的、具体的材料交给中纪委。1980 年夏,陈云给胡耀邦写信,证明 1936 年最早派潘汉年参加与国民党谈判,是中共中央驻共产国际代表团王明、康生、陈云在莫斯科决定的。知道这件事的只剩陈云一人。陈云不说话就无人证明了,希望能在有生之年确证这件事……

　　1980 年 12 月 23 日上午,陈云让秘书与公安部联系,请公安部于当天下午将潘汉年一案的最后定案材料全部送到。1981 年 1 月 3 日,陈云办公室的秘书又与公安部联系,要他们迅速整理一份有关潘汉年一案处理过程的梗概材料送到中纪委。在陈云的督促下,1 月 16 日公安部向中纪委写了关于潘汉年一案的处理概况材料,真实地反映了潘汉年一案的处理过程。公安部还提供了 1945 年刘少奇、康生给饶漱石的电报,1955 年李克农两次写给中央的报告,就潘汉年一案提出五条反证材料。这些材料,为潘汉年一案的再次复查和平反提供了有力的线索和证据。陈云在广泛调查、深入研究的基础上,向中央提出了复查潘汉年一案的建议。

　　1981 年 3 月,中纪委根据中央的决定,开始了对潘汉年一案的全面复查。中纪委仔细查阅和分析研究了公安部、最高人民检察院、最高人民法院、原中央专案办公室、中央档案馆、中央主管部门的全部材料和历史档案。同时,又对过去与潘汉年一起工作的几十位老同志进行了走访,掌握了第一手材料。经过一年零五个月的复查,潘汉年一案终于有了新的结果,原来认定潘汉年是"内奸"的结论根本不能成立。1982 年 8 月 23 日,中共中央根据中纪委的复查结果,正式发出了《关于为潘汉年同志平反昭雪、恢复名誉的通知》。《通知》对潘汉年的一生重新作出了评价:潘汉年同志几十年的革命实践充分证明,他是一个坚定的马克思主义者,卓越的无

为潘汉年平反

产阶级革命战士,久经考验的优秀共产党员,在政治上对党忠诚,为党和人民的事业做出了重要贡献。《通知》郑重宣布:一、撤销党内外对潘汉年同志的原审查结论,并提请最高人民法院依法撤销原判,为潘汉年同志平反昭雪,恢复党籍;追认潘汉年的历史功绩,公开为他恢复名誉。二、凡因"潘案"而受牵连被错误处理的同志,应由有关机关实事求是地进行复查,定性错了的应予平反,并将他们的政治待遇、工作安排和生活困难等善后问题,切实处理好。

27 年的沉冤,终于得到了昭雪。潘汉年一案的纠正,是中国共产党坚持实事求是,有错必纠方针的胜利。

1982 年 9 月 7 日,最高人民法院发出了新的《刑事判决书》,宣布撤销 1963 年的原判;宣告潘汉年无罪。

1983 年 4 月 15 日,经中共中央批准,潘汉年和夫人董慧的骨灰从湖南移送到了北京八宝山革命公墓安放。

历史终于恢复了本来面目,被颠倒了的历史又重新颠倒了过来。为了在更大范围内为潘汉年平反昭雪,消除曾经歪曲事实真相的宣传,陈云亲自请潘汉年的生前好友夏衍撰写纪念文章,指定在《人民日报》上发表。

陈云作为党的第一代、第二代中央领导集体的重要成员,在平反冤假错案的过程中,做了大量的实际工作。一位知情者深有体会地写道:"这一沉冤 27 年、两次被定为'反革命'的有关潘汉年的错案,能够得到平反,如果不是具有高度马列主义水平、坚持实事求是原则并有领导隐秘斗争经验的陈云同志提议,此案的复查可能推迟,平反也可能不那么顺利。每念及此,心中就油然升起对陈云同志的敬意。"

亲切的关怀

在建立新中国的艰苦斗争中,无数革命先烈献出了自己宝贵的生命。他们中的很多人在牺牲时留下了年幼的孩子。这些革命烈士子女在党和政府的关怀下茁壮成长,成为祖国建设的栋梁之材。陈云一直非常关注他们的情况。1983 年春节,他热情邀请 9 位烈士子女来到他的住所欢度春节。

正月初一上午 9 点,一辆乳白色的中型面包车驶进了中南海的大门,车上坐着瞿秋白烈士的女儿瞿独伊,蔡和森烈士的女儿蔡妮、儿子蔡博,罗亦农烈士的儿子罗西北,赵世炎烈士的儿子赵施格,张太雷烈士的女儿张西蕾,郭亮烈士的儿子郭志成,刘伯坚烈士的女儿秦燕士、儿子刘虎生。他们都已年过半百,有的是编辑、讲师、副教授,有的是副总经理、研究所副所长、高级工程师。今天,他们怀着激动的心情来到中南海看望他们的陈云伯伯。

面包车停在陈云的住所前,烈士子女们步入一间陈设简朴的客厅,客厅中只摆放着一张张米黄色的沙发和几张小茶几。这时陈云笑容满面地迎了出来,客厅里顿时热闹起来。"伯伯春节好!""祝伯伯身体健康!"9 位烈士子女纷纷向陈云问好。

陈云亲切地招呼大家在沙发上坐下,他说:"中国有句老话:'每逢佳节倍思亲'。你们的父亲就是我们党的亲人,是我们民族的亲人,今天把你们请来,共度春节。"

■ 1983 年 2 月 13 日，陈云在北京会见革命烈士子女

　　环顾四周，陈云又深情地说："我们的新中国，是他们和千千万万个革命先烈用生命换来的。今天的每一个胜利，都有他们的一份功劳。我们这些活着的人，没有忘记他们，也不会忘记他们。我相信，我们的后人以及后人的后人，也是不会忘记他们的。"

　　紧挨着陈云的是瞿秋白烈士的独生女儿瞿独伊。在解放前白色恐怖的日子里，陈云曾为了掩护瞿秋白和他夫人杨之华，冒着生命危险去鲁迅的住所接他们。陈云望着瞿独伊清瘦的脸颊，关切地问："你 62 岁了吧?"

　　"是的，伯伯还记得那么清楚。"

　　"你母亲是哪一年去世的?"

　　"1973 年 10 月。她是受'四人帮'迫害死去的。"

　　陈云难过地说："我知道。那时候我也没办法。"

　　坐在陈云另一边的是刘伯坚烈士的儿子刘虎生。刘伯坚烈士是留在江西中央苏区后，被敌人杀害的。他在英勇就义前给妻子写的遗言中说道："你不要伤心，望你无论如何要为中国革命努力，不要脱离革命战线;并要用尽一切的力量教养幼儿成人，继续我的光荣革命的事业。"刘伯坚烈士牺牲后，党把他的儿子刘虎生送到延安,刘虎生就是在陈云的关怀下长大的。刘虎生激动地说:"记得伯伯常常给我讲革命的故事,教育我要好好学习,继承父志。""我在哈尔滨上学的时候,伯伯曾经送给我一块怀表。您告诉我,这块表跟随您经历过长征,要我好好学习。这块表我一直很好地保存着。"

陈云很关心这些烈士子女们的工作和生活。他勉励大家说:"你们是革命的后代,是党的儿女。你们应当像自己的父辈那样,处处从党的利益出发,为了维护党的利益,不惜牺牲自己的一切。我看到你们健康成长,非常高兴。现在,我们党和国家的形势很好,你们要和周围的同志一道,爱护这个好形势,发展这个好形势,为把我们国家建设得更富强,继续贡献自己的力量。"

在座的 9 位烈士子女告诉陈云,他们没有辜负父辈的期望,继承父志为革命事业在奋斗着。

罗亦农烈士的儿子罗西北是一位水电专家,在水电部水利水电建设总公司担任副总经理。为了发展祖国的水电建设,他向陈云提出了两条建议,一是把水电建设和能源挂起钩来;二是在能源紧张的东北大力发展水电建设。

陈云认真地记下了他的建议,并连连点头说:"好,好!"

蔡和森烈士的女儿蔡妮在北京外国语学院教学,已经是桃李满天下了。蔡和森烈士的儿子蔡博,是冶金部钢铁研究总院炼铁室主任。张太雷烈士的女儿张西蕾则是化工部科技局顾问。看到这些烈士子女们都成为专家学者,工作在各条战线上,陈云不禁露出欣慰的笑容。

陈云不但以父辈的慈爱之情关怀着烈士子女们,而且也严格要求他们,尤其是对一些干部子弟、功臣之后,更是时刻敦促他们摆正自己的位置,走出一条正确的人生路。

1949 年 5 月,陈云在给干部子弟陆恺悌的信中这样写道:"我与你父亲不是功臣,你们更不是功臣子弟。这一点你们要切记切记。要记得真正革命功臣是全国老百姓,只有他们反对反动派,拥

护解放军,解放军才能顺利地解放全中国。你们必须安分守己,束身自爱,丝毫不得有违法行为。"

　　陈云的谆谆教诲,表达了他对老一辈革命家的子女们的殷切期望。

尊师重教

中华民族素有尊师重教的优良传统。十一届三中全会以来，党中央认识到教育工作在很大程度上决定着国家的未来，所以把发展教育列为国家经济发展的三大战略重点之一。但是，由于"左"的思想影响，我国的广大教师，特别是中小学教师的社会地位低，经济待遇差，他们的报酬与付出的劳动极不相称，严重挫伤了广大教师的积极性，影响了教育事业的发展。

陈云一直很重视教育工作，他曾提出，四化需要人才，人才需要教育，教育需要教师。1984 年 9 月，当他在《人民日报》教育专版上，看到一篇反映高中毕业生很少愿意报考师范院校的文章——《值得忧虑的一个现象》时，感到非常焦虑。他当即指出："这个问题要引起重视。师范院校学生的质量保证不了，对今后的教育，对四化建设各方面的影响都很大。要继续想一些办法，帮助教师主要是中小学教师，解决一些实际问题，如住房问题。要不断地提高他们的社会地位，逐步使教师工作真正成为社会上最受人尊敬、最值得羡慕的职业之一。"陈云的这个意见，再一次体现了中央领导对教育工作的关怀和重视。在随后的几个月里，有关部门共同努力，研究出一系列切实可行的措施，贯彻执行陈云的意见精神。

党中央和国务院决定拿出十几亿元，从 1985 年 1 月 1 日起，为全国几百万名中小学教师增加工资。还采取以地方为主，国家补助的办法,筹集中小学教师住房资金,解决中小学教师住房困难问题。同时,广泛、深入地开展尊师活动。

1985 年,六届人大常委会第九次会议决定,每年 9 月 10 日定为我国的"教师节"。全国 1 000 多万人民教师有了自己的节日。

1986 年大年初一的上午,陈云在他中南海的住所高兴地同北京市 9 位优秀的中、小学和幼儿园老师代表一起欢度节日。

当年过 80 高龄的陈云来到教师们中间时,大家都激动地鼓起掌来。陈云拱手向大家拜年,他说:"今天是春节。我很高兴地同你们这几位优秀教师的代表一起欢度这个传统节日。我向你们,也向全国教育战线上的教职员工同志们致以节日的问候!"

有着 60 年教龄的时任北京第一实验小学校长的特级教师王企贤首先发言。他说,社会各方面都在关心教师,作为教师也应该自尊、自重、自爱、自强,以自己的实际行动,表明自己是名副其实的人民教师。在新的一年里,他愿以"敦品励学"四个字同全国教师共勉。

陈云听到这儿,连连点头赞许。

北京十二中学校长陶西平向陈云汇报了他们学校实行勤工俭学,改善教学条件的作法。他提出,当前教师队伍来源趋向枯竭的问题应引起领导高度重视。

北京东华门幼儿园园长、特级教师王继芬从自己多年从事幼儿教育的实践中深切感到,幼儿教育的目标就是要为四化建设对孩子进行基础教育。而目前学龄前儿童入托难已成为一个很严重的问题,大力发展幼儿教育势在必行。

陈云听了他们的发言,连声说:"对、对!中、小学和幼教的老师是教育战线上辛勤的'园丁'。你们在自己的岗位上,勤勤恳恳,任劳任怨,数十年如一日,为我国社会主义建设事业培育了一批又一批人才。你们的贡献,同伟大祖国的繁荣富强,是紧密联系在一起的。人民感谢你们,党和国家感谢你们!"

针对他们提出的问题,陈云指出:"我们的学校是传授文化、科学、技术知识,培养社会主义建设人才的重要场所,也是社会主义精神文明建设的重要阵地。而中、小学教育,包括幼儿教育,则是基础教育,一定要办好。"

1985年曾获北京市人民教师奖的宁鸿彬在发言中提出,提高教育质量,要抓好教书、育人两个环节,不能用升学率代替成才率。

陈云说:"这个意见提得好。现在的中小学生是我们实现社会主义现代化这个宏伟事业的接班人。他们具有什么样的世界观,将来能否担负起历史的重任,同中、小学教育有着密切的联系。就是说,全国中、小学校和幼教老师们今后的工作如何,在一定程度上,将决定21世纪中国的面貌。"

陈云对在座的国务院副总理李鹏说:"党和政府的各级组织,都要关心教师,帮助他们解决一些实际问题,为他们的工作和生活创造更为有利的条件。"

最后,在座的最年轻的教师代表、29岁的英语教师尉小龙,将他1984年获得的北京市劳动模范奖章送给陈云。陈云接过奖章,鼓励他说:"要好好地干。"

陈云深情地对大家说:"办好中、小学教育,是关系到提高中华民族素质的一项根本大计。所以,你们肩负的责任是艰巨的,从事的职业是崇高的,也应该是受人尊敬的。"在新的一年里,他希望中、小学和幼教老师们,进一步发扬不为名、不为利的艰苦奋斗精神,热爱本职工作,热爱学生,努力提高自己的思想、文化、业务水平,为人师表,一身正气,脚踏实地,献身于伟大的社会主义教育事业。

在陈云等老一辈革命家的关心和支持下,我国的教育事业不断发展,教师待遇逐步提高,尊师重教蔚然成风。

尊师重教

149

拒收礼，不吃请

陈云拒收礼，不吃请，在党内有口皆碑，堪称楷模。他说："送礼是有求于我，收下后，决定事情必有偏差。"

早在延安时期，陈云就提出"从自己做起，从现在做起"的口号，大力倡导言行一致的作风，他一贯公私分明，一点小事也不放过。

建国后，陈云担任了党和国家的领导职务，他为自己定了原则，就是"不收任何人的礼品，外宾送的礼品都要上交"。在陈云身边工作的人员都严格遵循这个原则处理礼品。

一次，陈云在外地视察工作结束，乘火车回北京。火车徐徐开出了站台，当地派来送陈云的两位同志告诉陈云的随行人员："车厢后面有一个大柳条箱，是给首长的一点营养品，回去以后好好给首长补补身体。"

工作人员一听着急了，说："首长是不收礼的，你们快把东西带回去。"

当地工作人员说："首长在我们这里太辛苦，找人谈话、开会、参观，工作很累，又不让提高伙食标准，而且他身体又弱，缺乏营养。筐里不过是两只老母鸡和一些青菜，请带回去给首长补养一下。"

怎么办呢？陈云身边的工作人员犯难了，陈云是一贯不收任

150

何人送的礼物的。请他们下车带回去,他们又说这不是哪个人送的,是当地几位领导同志共同决定的。东西又不多,就请首长收下吧。你来我回的,他们之间谁也说服不了谁,只好向陈云请示汇报了。

工作人员向陈云建议,既然东西已送上车了,再要他们带回去,面子上过不去,是否按市价把东西买下来算啦。

陈云听完汇报和建议后说:"不能开这个先例,有第一次,就会有第二次,以后就阻止不住了。还是请他们把东西带回去,要和他们说,他们的心意我领了,但东西我不能收。"

当地的同志,听了陈云的话后很受感动,下车时把东西带回去了。

曾经在东北与陈云一起工作过的同志一直挂念着他。一次,一位陈云曾领导过的军事领导干部来京开会,顺便带来一箱苹果,派警卫员开吉普车,把苹果送到了陈云家。工作人员向他说明,首长是不收礼的,请他把苹果带回去。可是警卫员却说,首长让他把苹果送给陈云首长,现在他已经送到了,就是完成了任务,他绝不能再把苹果带回去。问他住在哪里,警卫员也不说,开着车走了。

陈云知道以后,回忆着当年一起在东北工作的情形,他说:"1946 年在东北,这位同志在军队工作,能打仗。全国解放后,我们已经很久不见了。不过我不能收他的东西,你要赶紧打听他在北京开什么会,住在什么地方,一定把苹果送给他,并且告诉他,他的心意我领了。"

于是工作人员经过几番周折,终于打听到了那位军事干部的住址。当他见到送给陈云的苹果又被送回来时,十分感慨地说:"陈云同志对自己的要求真严格啊!他不收东西,我不会有意见。请转告陈云同志,希望他多保重身体。"

1976 年以后,一些老同志在他的关心下恢复了工作,为表心意,一位老同志搬来一纸箱葡萄。陈云坚决地说:"带回去。"经过反复推让,陈云改口了,说:"那好,我尝 5 颗。"果真他摘了 5 颗葡

拒收礼,不吃请

萄,送友出门。

又一次,一个大军区的两位领导同志来到陈云的住处,汇报军事演习的情况,并带来两盒当地产的葡萄。当他们汇报完工作起身告辞时,陈云让他们把葡萄带走。并说,我是中纪委书记,不能收你们的礼物。他们解释说,这值不了几个钱,算不上送礼,只是请他尝尝。陈云说,好吧,那我吃10颗,叫"十全十美",剩下的你们带回去。

渐渐地,来人空手登门,不再给陈云提东西送礼了。陈云幽默地开玩笑说:"如果主席、总理给我送礼,我就收,因为他俩没有求我的事儿。"

陈云不仅不收礼,而且更反对办事送礼、走后门的不正之风。他对送礼办事的人,批评起来一点情面也不讲。一次,陈云家乡的人送来一套精美的文房四宝,同时请他为准备开办但还没有正式批准的一家公司题词。陈云一听就很不高兴,说这个词我不能题,我一题词,就等于强迫主管部门批准成立这家公司了。他让工作人员退回了文房四宝,而且嘱咐工作人员,要向上海市委通报这件事。

"不接不送",陈云到外地,从来不准当地领导干部到机场迎接或者送别。他总是说:"大家都挺忙,走那形式干嘛!"

"不请不到",无论在京城还是在外地,他的作风从来都是"没事别来,有事说事。如果电话中把事办了,就别跑腿了"。他不喜欢客套,亦如他说话,言语不多,一出口,即得要领。

即使是春节老朋友拜年也不例外。他说,电话拜年最好,既省时又省力,如果都来登门拜年,大家都受不了。就在他生前的最后一个春节时也是这样。当许多老同志得知他那时精神还不错时,都想去看望他。他表示非常感谢,但是他又说,大家工作都很忙,泽民同志、李鹏同志来看过了,可以代表大家了,其他同志就不要来了,谢谢大家的关心。

不吃请,更是他一贯的作风。不管走到哪里,他都严格按照标准,粗茶淡饭,不准设酒席,即使有些地方设了酒席,他也会让人撤掉。

几十年来,陈云以廉洁自律的优良传统和作风,为我们全党树立了学习的榜样。

拒收礼,不吃请

评弹老听客

    出生在江南的陈云,酷爱自己家乡的地方戏曲——评弹。陈云从少年时代起就开始听评弹,后来还唱评弹、研究评弹,评弹界尊称他为评弹"老听客"。

    少年时代的陈云就喜欢听评弹,先是跟着舅舅在当地镇上的茶坊里听书,慢慢地听上了瘾。听书时要付3个铜板买一根竹筹,才能坐在场子里听。书好听就天天去听,有时大人不去,他就自己去。没有那么多钱买竹筹,只好站在书台对面墙角边上,老远地听先生说书。因为是在光线较暗淡的阴角落里,又是立着听,所以当地人管那些听白书的叫"阴立"。陈云却风趣地说,这叫听"戤壁书"。后来由于从事革命活动,听评弹就中断了。直到1957年,他在上海检查并治疗过敏性皮肤病期间,又重新开始听评弹。在这之后的30多年中,他听的评弹书目之多,保留的评弹磁带之多,对评弹艺术的鉴赏力之高,在全国恐怕都是数得着的。

154

    每逢江南落花时节,西湖分外明媚,这正是听评弹的好季节。60年代初,陈云在杭州、苏州、上海休养的时候,听评弹成了伴随他休养时的最大乐趣,他自称评弹是他的"半个大夫"。

    陈云经常到书场与群众一起听评弹,他像普通百姓一样出入书场。首长的安全问题成了工作人员头疼的问题。每次去书场听书,工作人员都表现出畏难情绪,他们一方面希望首长去听书,开

■ 1979 年 2 月陈云在家里听评弹

开心,也好调养身体;另一方面又怕首长的安全出问题。陈云察觉了工作人员的心思,笑着对他们说,没关系,你们不用担心。"我不像毛主席、周总理、少奇、朱德同志那样,容易被群众注意和围观。"停了一下,他又说:"我们进书场不要过早,也不要过晚。"他还专门交待说:"我们不要在书场门前下车,与我同行的有一两个人就行了。"

　　就这样,陈云每次去书场,只有一部车,一至两人跟随。进场不惊动群众,退场时静静地走旁门,从不影响群众听书。他和百姓一起自得其乐。后来,有不少与陈云同场听过书的群众在街头巷尾自豪地说:"我不止七八次地与陈云同志一起听书,我就坐在他的后排右侧。每逢演员放噱头(噱,音 xué,指评弹中逗人笑的话或举动),他就和大伙一起放声大笑,一点没有中央领导的架子,真开心!"

　　陈云不仅听评弹,而且对评弹颇有研究,经常和评弹界的人士一起商讨、研究评弹的唱腔、剧本改编,以及听众等问题。对于评弹中的优秀艺术遗产的继承问题,对说噱弹唱诸方面,陈云都有精辟的指示。陈云关于评弹的谈话、书信等就有不下十万言。

　　陈云对于"书中之宝"的噱头曾经作过多次指示,在《陈云同志关于评弹的谈话和通信》一书中就提到了 10 次之多。1960 年 11 月,陈云在南京听了曹啸君、杨乃珍的《梅花梦》,金声伯的《包谷》这两出戏后,陈云对噱头问题专门谈了自己的意见。曹啸君、金声伯二位演员原来都是擅长放噱头的,但在 50 年代后期,对于噱头,演员都比较谨慎,不敢放,干部思想也有束缚,不敢提倡。陈云发现了这个问题,他说:"噱头是要的,听众不是上训练班,也许我们共产党严肃了一些。有些地方的噱,不该去掉的也去掉了。黄色下流的应该去掉,健康的应该保留。"并形象地比喻说:"倒洗澡水不能把婴儿一起倒了。"

　　对于评弹艺术的发展问题,陈云给予了极大的关注。20 世纪60 年代,在他的支持和关怀下,成立了苏州评弹学校。"文革"期间停办了一段时间,改革开放以后,又得以重新恢复。陈云亲自担任学校的名誉校长。1982 年 3 月,陈云兴致勃勃地听评弹学校的师生唱了几段弹词开篇,称赞他们唱得"灵光"。并对学生们说:"要有事业心,要好好学习,评弹是有希望的。"

随着时代的进步、社会的发展,人民对文化生活的需求越来越丰富,一向赢得江南广大群众喜爱的评弹,也面临着在内容和形式上的创新问题。若不争取青年听众,势必影响评弹的发展和前途问题。陈云十分关注这个问题,他说,能不能争取青年听众,关系到评弹这朵花是经久不凋还是逐渐枯萎的问题。

为此,陈云特别推荐《真情假意》这部书。对照剧本,陈云听了20 遍录音。他说:"这部书有时代气息,有现实意义,是适应青年,提高青年的好作品。"他说书中刻画了不少人物的生动形象。例如,作品中有一段形容剧中人物琴琴能拉各种社会关系的描写很

■ 1985 年陈云在杭州欣赏评弹节目

生动:"漆臣师傅叫得应的,汽车司机是有交情的;买糖请食品公司小王,办酒水托金华楼小方,50元一桌,人家花80元也吃不到。"陈云还特别提到剧中的一段剧情:琴琴出点子要俞刚在婚后再开半个月病假到黄山去白相相。俞刚说:"我病好了。"琴琴埋怨说:"无病也好请假的,你是工伤,乐得休息! 戆大!"陈云说到这儿笑了起来。他说:"这些都反映了青年中一些不好的思想,在现实生活中这些现象和人物还很普遍。"

果然,这部书在青年观众中产生了共鸣,在"全国曲艺优秀节目(南方片)观摩演出"中反映很强烈,被评为创作和演出一等奖。

陈云与评弹结下了不解的情缘。他对评弹的热爱与关心集中体现在他对评弹界提出的"出人、出书、走正路"的要求上,为评弹事业的发展指明了方向。另外,作为个人的兴趣爱好,他无论是在家里,到外地,还是住院,700多盘评弹磁带和4台轮流使用的老式收音机,是必备的物品。评弹陪伴了陈云几十年,直到生命的最后时刻。

俭朴的生活

陈云出身于贫苦人家,始终保持着清廉俭朴的生活作风。"粗茶淡饭,布衣素食"是陈云生活的真实写照。

早些年,陈云家里子女多,开销大,伙食很简单。早饭通常就是稀粥、馒头、花卷、咸菜。陈云是南方人,吃不惯馒头,早饭时就为他准备两片面包,算是特殊照顾。除此以外,他和家人吃的一样。午饭、晚饭炒菜时,少放一点点肉,餐桌上连鸡蛋也少见。大家担心伙食太差,影响他的健康,便提出晚饭时给他增加一小盘质量较好的菜,陈云却怎么也不答应。直到1962年,他的肠胃出了毛病,才和家人分开吃饭,也不过是加一些容易消化的食物。为此,他还常常开玩笑说:"过去革命战争年代想吃,没有东西吃;现在革命胜利了,有东西吃了,又不能吃。自己真是没有口福呀!"改革开放以后,老百姓的餐桌上已是丰富多彩了,而陈云仍是简单的饭食。晚年,他的食谱是,早餐:面包、豆浆、稀饭、一个煮核桃仁;午餐:米饭、一荤一素;晚餐:豆制品、蔬菜、米饭。每餐配的水果,经常是香蕉。这些食谱常年不变。即使是逢年过节或是过生日,大家想给他改善一下,他也不答应。

陈云的衣着也很简单。他有两套毛料中山装,只有在接见外宾、会见客人、出席会议和重大活动时才穿,平时在家里办公,穿的是布衣布鞋。陈云的这两套礼服一直穿了30多年。他穿的衬衣补了又补；一件坎肩，穿了 40 多年；他的大衣是两用的，春、秋天是夹大衣，到了冬天，把做好的厚绒衬里用几个扣子扣上，就成了厚大衣。一个皮箱，从延安时期，一直用到去世的前一年到上海过冬，只要外出，都是带着这只皮箱。有一个刮胡刀，刀架是 1935 年 9 月他由上海秘密去苏联之前买的，刀片是在苏联买的。3 个刀片用了 10 年，而刀架一直陪伴他度过了后半生。

1960 年 11 月上旬，北京遇上了寒流，一些单位已开始烧上了暖气。可是居住在北长街 11 号的陈云，却指示工作人员不到 11 月 15 日不准烧暖气，说是国务院的规定。

■ 穿着朴素的陈云

一天，周恩来一进办公室，看到桌上秘书写的汇报条就急了，要了车马上赶往陈云住所。汽车穿过中南海出东门，很快就到了陈云那里。周恩来看见陈云披着大衣，围着被子，靠在床头批阅文件，他顾不上客套，见面的第一句话就说："天气这么冷，你不让烧暖气，不行啊！"

陈云一见总理来了，急忙一边下床一边还风趣地说："总理啊，什么事情让你急成这个样子。"看来陈云并没有把这事看成是什么问题。

陈云和总理两人穿着大衣一同进了办公室，谈了两个多小时，才又说又笑地下楼来。

周恩来临走时，当着陈云的面，对在场的工作人员说："从今天起，你们一定要开始烧暖气，这件事你们要听我的。"

北长街11号，院内有一幢二层小楼，这里既是陈云的办公室又是住家，他的家人和工作人员也在这小楼里。从1949年5月，陈云从东北调到中央工作，就住进了这个院子，一住就是30年。

住进后的第一个夏天，就发现房顶漏雨，机关行政部门把屋顶的瓦全部换了。从外面看这小楼还不错，可是楼里各处年久失修，白色的墙，灰一块白一块，原来油漆的豆绿色墙围，也变成了深灰色。夜晚，老鼠从旧地板缝中随意出入，如入无人之境。就这样，他也不让工作人员粉刷、油漆、整修房子。他总是说："这不影响我办公，不必要收拾。"

再看看楼上走廊和楼梯上铺的宽约1米、长约20米的地毯吧，表面的毛都磨得差不多了，陈云也不让换新的。他还是那句话："我上下楼梯时注意些就是了，不要换了。"后来为了安全起见，以免陈云上下楼滑倒，才换了一条约1米宽、10多米长、价格便宜的胶皮地毯。

唐山地震后，发现陈云的办公室南墙被震出一条两米多长、两三厘米宽的裂缝。房建部门说如果再发生较强地震，楼房有可能倒塌。机关决定让陈云先搬到另一处房子去住，然后把旧楼拆掉

■ 陈云在中南海住所

另建一座新的。

陈云知道后，坚决不同意。他说："这幢房子虽然老了旧了，我看总比北京一般市民住的房子要好得多吧！像这样的房子要拆掉，周围老百姓看了要说话的，影响不好，做事不能脱离群众，我不搬。"

工作人员无奈，只好把楼房进行了必要的加固。一直到1979年，经有关部门反复劝说，陈云才勉强同意搬了家，离开了这个住了30多年的小院，搬进了中南海。

俭朴的生活

夫妻之间

　　陈云的夫人叫于若木,他们于 1938 年 3 月在延安结为夫妻,相濡以沫走过了半个多世纪。富有传奇色彩的是,在陈云去世后不久,竟在北京的集邮市场上发现了三封信,这是记载着他们夫妻从相识、相知到相爱历程的历史见证。

　　一天,薄一波的儿子薄熙成在北京的集邮市场,偶然发现了三封 30 年代寄往英国伦敦的信,信封上盖着"西京(长安)"字样的邮戳,邮戳的日期是"廿八年六月廿二日",即 1939 年 6 月 22 日。引起薄熙成兴趣的,不是信封上那 30 年代的邮票,而是信封中的三封信。这三封信,一封署名"陆华",一封署名"璐琳",关键是另一封署名"陈云"。

　　薄家与陈家有着深厚的友谊。建国后,薄一波曾在陈云领导下,共同从事新中国的经济领导工作。1978 年拨乱反正,陈云第一个站出来为薄一波等人的"六十一人叛徒集团"冤案平反。薄熙成看到这三封信后,立即花 2 000 元,买下了这三封非同一般的信,转赠给陈云之子陈元。陈元把信交给了于若木。

　　于若木惊喜地接过信,看着信封上那自己亲笔写下的英文,收信人"YUDAWCHYUAN",即于道泉,于若木的长兄。信是托人从延安带到西安寄往伦敦的。于若木看着信,慢慢地又打开了封存已久的记忆。

"陆华"就是于若木,1919 年 4 月 15 日出生于济南。父亲于丹绂,又名于丹甫,是我国第一批派往日本的留学生,毕业于日本著名的早稻田大学。回国后任山东第一师范校长,是山东近代教育的奠基人。她在开明、宽松、优越的环境中长大,受到了良好的教育。

16 岁的于陆华在北平加入了中国共产党。抗战开始后,她和妹妹于陆琳(后改名为于璐琳)一起奔赴延安。

到延安后,于陆华改名为于若木,在陕北公学五队学习。一次偶然的机会,她与陈云相识了。

于若木在寄给大哥的那封信里这样描述了她和陈云相识的过程,她写道,我和他是这样认识的:前年冬天他回国后看到西北的情形很兴奋,致工作过劳使流鼻血之旧病复发。过度的流血病势相当严重,病中需要找一老实可靠的人看护,在学校里便找到了我,病人与看护的关系转到了夫妇关系。

那时,中共中央组织部设在延安城里西山的一个小四合院内,三孔窑洞,两间平房,十几个干部。陈云当时任中共中央组织部部长。陈云住在院内的一孔窑洞内。于若木去了以后,在窑洞门口放了一张桌子办公用。每天,她就在那里值班,除了按时给陈云往鼻子里滴药水外,陈云有什么话,她就去传达一下;需要医生时,她就跑去喊医生;没事时就看书看报学习。不到一个月,陈云病愈了,于若木完成了护理工作,要走了。短短的一个月使他们之间相互有了了解,产生了感情。

刚到陈云那儿时,陈云就询问于若木的经历,随后也介绍了自己的历史,有了初步的认识。空闲时,他们在一起聊天,陈云得知于若木会唱歌时,便请于若木唱歌给他听。于若木十分大方地唱了一首当时流行的苏联歌曲《祖国进行曲》:"我们的祖国多么辽阔广大……"悦耳的歌声在窑洞中回荡。

一次,陈云问起于若木有没有爱人,谈过恋爱没有。于若木羞涩地回答:"我还不懂。"陈云便小心地说,他现在也没有爱人,问她

陈云

166

■ 1938 年 3 月陈云同于若木在延安结婚

愿不愿意交个朋友。

相处久了,陈云向于若木倾诉了他的肺腑之言,他说:"我是个老实人,做事情从来老老实实。你也是个老实人。老实人跟老实人一起能够合得来。"

慢慢地他们日益接近,关系日渐密切,逐渐明朗化了。

正巧这时,于若木的二哥于道源来到延安。陈云郑重地把于道源请来,认真地向他谈了自己和于若木的婚事,征求家里的意见。

于道源知道陈云是一个革命资历很深的领导干部,人也很忠厚老成,便欣然同意了妹妹的婚事。

1938年3月的一个普通的日子,陈云和于若木在延安结婚了。结婚的那天晚上,陈云只花了一元多钱,买了些糖果和花生,请中央组织部的同志来热闹了一下,就算是结婚典礼了。

于若木在给大哥的信中,介绍了她心目中的丈夫:虽然他大了我14岁,但是我对自己的婚姻很满意。他是一个非常可靠忠实的人,做事负责任,从不随便,脾气很好,用理性处理问题而不是感情

■ 1987年5月陈云和夫人于若木在杭州

夫妻之间

167

用事。所不痛快的是两人能力地位相差太远,在他面前愈显得自己的幼稚无能。

在信中,她还介绍了他们的婚后生活:你问我们小家庭的生活状况么?这里无所谓"家庭"。陈云同志在工作,我在学习。他住在机关里,我住在学校里,每星期六我到他那里住一天,这是延安所谓"住礼拜六"。这里的生活,除了吃饭穿衣是公家供给外,还发几块钱的津贴。

于若木在信中还希望大哥能送陈云同志一支钢笔,因为他没有。由此,使我们看到于若木对陈云充满深切的感情,同时也看到了当时延安的生活是多么艰苦。

婚后,于若木先后在中央党校和马列学院学习了几年。

1941年,他们有了第一个孩子,于若木给她起名陈伟力。

后来,陈云调离了中央组织部,担任西北财经办事处副主任。为了便于工作,于若木担任陈云的机要秘书,辅佐陈云的工作。

父女情深

　　陈云对于五个子女来说，是位真正的慈父。他的一言一行影响和教育着子女的成长，父亲在儿女心中是座无言的丰碑。二女儿伟华，是北京市第十届政协委员，北京师范大学附属实验中学历史教师。她成长的历程，凝结着父亲深深的爱，他们之间联结着真挚而崇高的父女深情。

　　陈云的教子原则是，读好书，做好人；教育方式是，一行无言之教，二抓问题，并且抓结果。

　　1966年伟华在北京师大女附中高中毕业，准备高考时，赶上了"文化大革命"，失去了升学的机会。此时，"文革"的风暴已经席卷全国，父亲也被戴上了"中国最大的右倾机会主义者"的帽子。1968年毕业分配时，同学们陆续走上工作岗位。伟华也在寻找自己的出路，大的工矿企业轮不上她，小的单位不敢收她，招工单位一看到她父亲的名字，就拒绝接收她。她感到了茫然和痛苦。最后只好选择了下乡这唯一的出路。

　　北京的远郊怀柔县，一半是平原，一半是山区。伟华盼望自己能走一回运，分到条件稍好些的平原地区。

　　身处困境的父亲看出了女儿的心思，他沉稳地告诫女儿："你应该做好思想准备，到喇叭沟门、碾子乡那种贫穷山区去。"

　　伟华记住了父亲的话，准备到怀柔最艰苦的地方去。她被分配到了地处半山区的辛营公社,当了一名乡村女教师。

这是一所普通的农村小学,教室里桌椅破旧不堪,窗子没有玻璃,糊的是黄不黄白不白的纸。黑板是用灰抹成的,用得久了,黑漆剥落,白花花的。面对着年岁不一的"两级复式"(即同堂教两个不同年级)的农村孩子,伟华开始了她的教师生活。

冬天来了,孩子们围着炉子不住地搓着手。听着门外的风声,想到在这儿自己连个同学也没有,伟华觉得心里很冷。她想家了,母亲和兄弟姐妹都被送到外地去"思想改造"了,家里只剩下被剥夺了工作权利的父亲。父亲怎样了? 不知哪来的一股冲劲,没有请假,也不管学校的课谁来教,伟华急冲冲地踏上了回家的路。想起家,想起父亲,她心中漾起淡淡的苦涩的喜悦。

可谁想到,刚一踏进家门,迎接她的第一句话是:"你怎么这么快就回来了?"伟华逃避着父亲严峻而惊异的目光,"我——",她无言以对。

"你应该回去。"父亲坚决地说。

"爸爸!"她委屈极了,泪水夺眶而出。她想辩解,自己不是怕吃苦,只是想家和孤独,想回来看看爸爸,您怎么就不理解女儿呢?话到嘴边又咽了回去。

第二天,伟华返回了辛营。看到自己熟悉的村庄,陈旧的教室,天真可爱的孩子,她感到那么亲切。她每天教书、劳动、挑水、做饭、读书,坐在炕头与老乡聊天。艰苦的环境磨炼着她,农民质朴、纯厚的感情温暖着她,她渐渐成熟了起来。

1970 年冬,伟华在教书、劳动之余,开始阅读马克思、恩格斯等革命导师的书。她把这一情况写信告诉了父亲。陈云非常高兴,很快地给女儿写了复信。信中说:"十二月八日的信爸爸收到,我万分欢喜(不是十分、百分、千分,而是万分)。你要学习和读书了……

"你虽然已开始工作,但还年轻,坚持下去,是可以学到一些东西的。时间有限,每天要挤时间学。"

这封信使伟华很感动，她从父亲"万分欢喜"中感受到父亲对女儿的期望，同时也体会到逆境中的父亲还坚定着自己的信仰。

　　不久，陈云就读书问题专门与女儿进行了长谈。他告诉女儿，为了能够真正理解无产阶级革命导师的理论，最好先阅读有关他们的传记，了解当时的历史背景、社会状况，然后再由浅入深，阅读原著。并告诉女儿，学习要有计划，要坚持，不仅要学习马列著作，还要学习各方面的知识，不断开阔自己的眼界。

　　陈云为了考察女儿的学习，问道："最近读什么书？"

　　"《共产党宣言》。"

　　"那么，这本书的核心是什么？"父亲目光炯炯地进一步"考问"。

　　"消灭私有制。"女儿爽朗地回答，陈云满意地笑了。

■ 20 世纪 50 年代初陈云和孩子们在一起

后来,陈云送给女儿一本《世界知识年鉴》。每隔一段时间,就提出一些问题,考考伟华。就这样,伟华在父亲的感染和引导下,有了长足的进步,培养了自学的习惯和能力。

1974年,陈云一家还处于困难的时候,辛营公社批准陈伟华加入了中国共产党。她激动地流下了眼泪,只有这时,她才真正理解了父亲的严厉和"万分欢喜"。她耳边又响起父亲的教诲:"你们就得自己到社会上闯一闯。特别是女孩子,要想在社会上站得住脚,一定要在政治上成熟起来。"这句话,她始终铭记着。

后来,陈云的手关节有了毛病,医生建议他多活动手,有助于缓解手部疾病。伟华知道后,想到怀柔山区盛产核桃,应该给父亲找两个核桃,让他攥在手里活动。她便在乡下,在核桃堆里挑了又挑,拣了又拣,最后选中两个最中意的带给了父亲。陈云攥着女儿送来的核桃,感到欣慰,女儿长大了,知道关心人了。这两只被磨得油光锃亮的核桃一直陪伴着陈云走完人生。

最后岁月

1995 年 4 月 10 日,陈云那颗跳动了 90 个春秋的心脏停止了跳动,离开了我们。

陈云在北京医院度过了他生命中最后的 321 天。1994 年 5 月 25 日,陈云因患肺炎,住进了北京医院。从这天起,他就再没有回到自己的住处,直到生命的最后一刻。

陈云同疾病斗争的精神是很顽强的。住院后,陈云的病情经常是恶化——好转,好转——恶化,反反复复。医务人员给他治疗时,他总是很好地配合。即使在病情严重的情况下,医生询问他觉得怎样时,他也总是乐观地回答:"还可以。谢谢你们。"病情稍有好转时,他就请医务人员帮忙按摩他的四肢肌肉,自己也努力地伸伸腿,抬抬胳膊,两只手摩搓那两颗跟随他多年的光滑锃亮的核桃,锻炼体质。

关心国家大事,收听新闻是陈云每天必不可少的内容。1994 年 11 月,陈云在病床上收到了中央办公厅转来的 16 名小学生写给他的信。原来,这 16 名小学生是河南省卢氏县汤河乡和朱阳关乡的失学儿童,他们是在陈云的资助下才得以复学的。陈云说,我们是社会主义国家,绝不能让儿童失学,应该动员社会力量来解决这个问题。不久,他又听到中央号召为贫困地区捐赠衣被的消息,他要秘书转告夫人于若木马上去办。他们全家除捐赠几十件衣服外，还特意以陈云的名义捐赠了一条崭新的丝绵被子和床单。当他得知他捐献的棉被和床单已经送给贵州遵义地区的一位前志愿军战士的家里时，十分高兴。他专门把于若木叫到病床前，亲自告诉她这个消息。陈云平时经常说，过去有句谚语"各人自扫门前雪，莫管他家瓦上霜"，这是讽刺那种缺乏社会公德和同情心的自私自利的人的，我看应该把它改为"既扫自己门前雪，又管他家瓦上霜"。他说："这是共产主义精神。"在他身体尚好时，他还特意把这句话写成了条幅。

陈云90寿辰前，中央文献研究室的负责同志提出，毛泽东、周

■ 陈云校阅《陈云文选》

恩来、刘少奇、邓小平的画册都出版了，陈云的那本，已经编好七八年了，因他不同意一直压在那里，是否可以出版了。经一再请求，陈云才同意出版。他指示说，画册上的照片不要光有我一个人的，还要有毛主席、周总理、少奇同志、朱老总、小平同志他们，也要有群众。秘书回答说都有，他才满意地点点头。

不久，中央文献研究室的负责同志又提出再版《陈云文选》。因为第一版出版已经 10 年了，在这期间，陈云又陆续有新的文稿问世，有关部门也新发现了一些没有收入文选的重要文稿。秘书向他报告后，他同意了。

陈云十分关心他的三卷文选的编辑工作。他在病床上用了近半个月的时间，每天坚持听一点需要增补的 33 篇文稿的内容。当他听到 1935 年写的宣传红军长征的《随军西行见闻录》，准备保持文字原貌收入文选时，他说，当时为了便于在国民党统治区流传，他化名叫"廉臣"，并把红军写成"赤军"。当谈到准备把 1994 年春节他在上海的谈话《要维护和加强党中央的权威》作为文选的最后一篇文章时，他马上表示同意。他在文选再版补充文稿送审本上用铅笔签下了自己的名字，那是 1995 年 1 月 19 日，这是他的绝笔。签完字后，他嘱咐秘书，文稿一定要送中央审阅。不久，秘书向他转达了中央的送审意见。中央认为文选再版后，对于帮助各级领导干部提高思想、理论、政治水平将会起到重要作用。陈云认真地听完后，欣慰地点点头，安静地休息了。可是，当文选赶印出版时，陈云已经离开了我们，他没能看到增补和修订的文选出版。

春节到了，陈云病情稳定，精神也好。家里人分两批到医院给他拜年，每批也就几分钟，他就催促大家回去了。江泽民总书记、李鹏总理也分别来看望他，几句亲切的问候话语后，就谈起了形势和工作，陈云听得十分认真，也非常满意。江总书记告别时，他伸出大拇指说："谢谢你们。"表示了他对第三代中央领导集体的信赖和厚望。这是他度过的最后一个春节。

1995 年 4 月 10 日凌晨 5 时多,陈云病情出现变化,血压突然下降,并出现混乱性房性心律,经抢救又趋于稳定。12 时 45 分,薄一波到医院看望他,陈云用目光四处寻找,示意薄一波到病床左侧来,以便好说话,因陈云的右耳几年前已经背了。薄一波说了一些问候的话,特别是说到大家都很想念他时,陈云微笑着用眼神表示谢谢大家。他目送着这位老战友离去。

下午 2 时,病情又开始恶化,血压、脉律急剧下降,随即出现自搏心律,血压曲线迅速变成一条起伏不大的直线。江总书记得知消息后,立即赶到了医院。医务人员采取了一切可能采取的措施进行抢救。但是,陈云终因年事已高,又患多种疾病,各脏器功能已经衰竭,于 2 时 04 分与世长辞。

陈云走完了他一生 90 个春秋。他把毕生的心血和精力都贡

■ 1992 年 11 月 16 日,陈云与江泽民在上海亲切交谈

献给了党和人民。他没有留下什么财产,他的全部积余只有 2 万元稿费和身后按国家规定发给的 10 个月工资的抚恤金 13 360.00元。但是,他却给中国人民留下了宝贵的精神财富,这是中国共产党人和中国人民的无价之宝。

图书在版编目（CIP）数据

陈云 / 吕章申主编. — 上海:上海教育出版社,
2014.8(2019.10重印)
（共和国领袖故事丛书）
ISBN 978-7-5444-5654-8

Ⅰ. ①陈… Ⅱ. ①吕… Ⅲ. ①陈云（1905～1995）
－生平事迹 Ⅳ. ①K827=7

中国版本图书馆CIP数据核字(2014)第171257号

责任编辑　耿　坚
封面设计　陆　弦

共和国领袖故事
陈　云
中国国家博物馆　　编著

出版发行　上海教育出版社有限公司
官　　网　www.seph.com.cn
地　　址　上海市永福路123号
邮　　编　200031
印　　刷　上海中华印刷有限公司
开　　本　700×1000　1/16　印张11.5　插页1
版　　次　2014年8月第1版
印　　次　2019年10月第3次印刷
书　　号　ISBN 978-7-5444-5654-8/K·0045
定　　价　45.00 元

如发现质量问题，读者可向本社调换　电话:021-64377165